Wolfgang Kau

—

Leitfaden zu Wagners Ring

Wolfgang Kau

Leitfaden zu Wagners Ring

Siegfried

Königshausen & Neumann

Umschlagabbildungen:

Vorderseite:
Devotchkah: Colorful backgrounds © Envato.com

Rückseite:
Rackham, Arthur (illus) (1924-August) [1911]
Siegfried & The Twilight of the Gods
Wikicommons: https://upload.wikimedia.org/wikipedia/commons/d/d8/Siegfried_and_the_Twilight_of_the_Gods_p_012.jpg?uselang=de
(Letzter Zugriff: 22.06.2022)

Bibliografische Information der Deutschen Nationalbibliothek

Die Deutsche Nationalbibliothek verzeichnet diese Publikation in der Deutschen Nationalbibliografie; detaillierte bibliografische Daten sind im Internet über http://dnb.d-nb.de abrufbar.

Gedruckt auf säurefreiem, alterungsbeständigem Papier
Umschlag: skh-softics / coverart

Printed in Germany
ISBN 978-3-8260-7659-6
www.koenigshausen-neumann.de
www.ebook.de
www.buchhandel.de
www.buchkatalog.de

Inhalt

Für Carola und
Dominik Jonas

Vorwort

Der abwehrende Seufzer *„Kommen Sie mir nicht mit dem Text!“* begleitet den *Ring* so hartnäckig wie ein Fluch. Kaum ein anderes Kunstwerk wird einerseits (Musik) so enthusiastisch verehrt und andererseits (Text) so hartnäckig verschmäht. Die Abneigung gilt dem Kern der Verehrung. Denn die Musik ist nur ein Spiegelbild des Dramas, das der Text auf der Bühne entfaltet. Wagner war der erste, dem das auffiel: *„Sonderbar! Erst beim Komponieren geht mir das eigentliche Wesen meiner Dichtung auf: überall entdecken sich mir Geheimnisse, die mir bis dahin noch verborgen blieben,“* schrieb er an Franz Liszt.

Die Unlust am Text hat Gründe. Das *Gedicht*, wie Wagner gerne schrieb, ist sperrig. Der gewundene Satzbau, der artifizielle Zeilenumbruch und eigenwillige Wortschöpfungen Wagners stören den Lesefluss und schrecken ab. Auch inhaltlich tun sich Rätsel auf. Was geschah zwischen *Walküre* und *Siegfried?* Warum kann der beste Schmied auf Erden (Mime) das göttliche Zauberschwert Nothung nicht reparieren? Weshalb hat sich Wotan als Wanderer verkleidet? Warum ist Siegfried absolut furchtlos? Weshalb ist die klügste Frau (Erda) im Gespräch mit Wotan ratlos? Warum versperrt Wotan dem liebeshungrigen Siegfried den Weg, obwohl er ihm „in Wonne weichen“ will? Diese und viele weitere Fragen beantwortet der Ringtext nicht, jedenfalls nicht auf Anhieb. Dieses Dickicht hat System. Im Nibelungenlied und seinen anderen Quellen bediente sich Wagner wie in einem verwaisten Steinbruch. Aus fremdem und altertümlichem Material formte er nach eigenem Gutdünken ein zeitlos aktuelles Menschheitsdrama. Das Resultat hat nichts mit Göttern, Riesen, Zwergen oder drachentötenden Helden zu tun. Die Zuschauer und deren irdische Vorlieben stehen im *Ring* auf der Bühne.

Wer sich dem Ringtext unter diesem Blickwinkel vorurteilsfrei nähert, wird bleibend belohnt. Denn das Textdrama ist so vielschichtig wie die Musik. Und die Musik hört mit anderen Ohren, wer den Text kennt und versteht. Die Reibungen, die Wagner zwischen Text, Handlung und Musik spannungs- und beziehungsreich anlegt, erschließen sich nur und erst in einer Gesamtschau. Dieser

Leitfaden führt Zeile für Zeile durch den ungekürzten Sprachtext der Orchesterpartitur. Aus solcher Nähe wird das von Weitem spröde wirkende Ring-Drama unerwartet lebendig und nicht selten gar unterhaltsam. Querverweise, die den Lesefluss stören würden, stehen in Fußnoten. Die Zahlen hinter dem Kürzel „Tz" beziehen sich auf die Textzeilen am Rand. Möge dieser *Leitfaden* den Zugang zum Kern des *monumentalsten Kunstwerkes des 19. Jahrhunderts* (Alex Ross) auf vergnügliche Weise erleichtern.

Großer Dank gebührt meiner Frau Carola Vulpius, die meine Schwäche für Wagners Werke seit Jahren geduldig und mit liebevoller Nachsicht erträgt und begleitet. Ihr habe ich auch für die mühsame Lektüre meiner ersten Entwürfe und für viele kluge Hinweise zu danken, die mir geholfen haben, Wagners Text und Ideen zu durchdringen. Ebenfalls sehr zu danken habe ich meinen Freunden Nikolaus Blum, Ulrike Christof und Thomas Lother für ihre kritische Lektüre meiner Manuskripte und viele wertvolle Hinweise. Nicht zuletzt gilt mein Dank allen, die an den im Literaturverzeichnis aufgeführten Werken mitgewirkt haben. Ohne diesen Fundus wäre dieses Werk so nie entstanden.

Siegfried

(Zweiter Tag)

Vorgeschichte

Sieglindes einsame Flucht endete neun Monate nach ihrem Aufbruch vom Walkürenfelsen nicht weit von einer Felsenhöhle in dem verrufenen Wald, den Brünnhilde ihr als Fluchtziel empfahl.[1] Dort haust abgeschieden Alberichs schwächerer Bruder Mime, der ebenfalls den Ring haben und die Welt erobern will.[2] Wohlbedacht hat sich Mime nicht weit und doch in sicherer Entfernung von Fafners Höhle niedergelassen. Im Sterben hinterließ ihm Sieglinde den Säugling und die beiden Bruchstücke des Zauberschwertes Nothung. Wieviel einesteils Zufall und anderenteils Wotan dazu beitrugen, dass sich die Dinge so fügten, erfahren wir nicht.[3] Verblüffend weltkundig weiß Mime, was es mit dem neugeborenen Kind und dem Schwert auf sich hat. Er versteckt die Schwertstücke und zieht Siegfried in Unkenntnis über seine Abstammung, das väterliche Schwert, den Ring und die Welt auf. Mime hofft, der heranwachsende Jüngling werde ihm eines Tages den Drachen Fafner töten. So will Mime den Ring gewinnen und sich zum Weltherrscher aufschwingen. Dieser Plan hat eine missliche Schwäche. Wie Mime – woher auch immer – weiß, kann Fafner einzig mit Nothung getötet werden. Die Schwertreparatur ist darum unverzichtbar. Doch

---

1 Siehe *Walküre* Tz 1134–1145.

2 Siehe Tz 722–737.

3 Für Wotans Mitwirkung am Verlauf und Ausgang von Sieglindes Flucht sprechen seine auffallend reuevolle Bemerkung gegenüber Mime in Tz 390–392 und die frappierende Koinzidenz der Gegebenheiten an Sieglindes Fluchtziel mit Wotans (auf Brünnhildes Anregung) neu aufgelegtem Wälsungen-Plan (zu dieser Neuauflage siehe *Walküre* Tz 1415–1434). Man tut Wotan wohl kein Unrecht, wenn man vermutet, dass ihm Sieglindes früher Tod nicht unwillkommen war. Denn die in der Neuauflage des Wälsungen-Plans vorgesehene gottferne Erziehung des neuen Hoffnungsträgers (siehe *Walküre* 651–668 und 699) konnte Wotan von Mime eher erwarten als von Sieglinde; siehe *Walküre* Tz 230–251 und 340–343. Nach Volker Mertens, *Der Ring*, S. 85 dienten der Tod von Sieglindes Mutter, Sieglindes Raub und ihre Zwangsehe mit Hunding sämtlich Wotans Plan, den freien Helden (Siegmund) zu schaffen. Diese Betrachtung hat viel für sich.

diese will Mime, obwohl weit und breit als geschicktester Schmied gepriesen,[4] nicht gelingen. Das hat, wie Wagners Text nur verhalten andeutet, einen Grund, der Mimes handwerkliche Fertigkeiten in keiner Weise schmälert: ein geheimer Zauber Wotans[5] sorgt dafür, dass das Schwert nur reparieren kann, wem Wotan sein Schwert diesmal zugedacht hat: der absolut furchtlose Siegfried.

---

[4] Siehe *Rheingold* Tz 775, *Siegfried* Tz 440f. und *Götterdämmerung* Tz 275f.

[5] So Mimes Vermutung in Tz 563, die im Hinblick auf die Worte des Wanderers in Tz 451–453 und die Vorgeschichte des Wotansschwertes (Tz 420) in der *Walküre* (siehe dort Tz 183f., 193, 222–253, 501–513 und 536–540) einiges für sich hat.

Erster Aufzug
(Wald)

Hatte mich nun schon längst die herrliche Gestalt des Siegfried angezogen, so entzückte sie mich doch vollends erst, als es mir gelungen war, sie, von aller späteren Umkleidung befreit, in ihrer reinsten menschlichen Erscheinung vor mir zu sehen. Erst jetzt auch erkannte ich die Möglichkeit, ihn zum Helden eines Dramas zu machen, was mir nie eingefallen war, so lange ich ihn nur aus dem mittelalterlichen Nibelungenliede kannte.[6]

Erste Szene

Wenn sich zum 133. Takt des Vorspiels der Vorhang öffnet, sind seit dem Schlussvorhang der *Walküre* knapp 20 Jahre vergangen. Siegfried ist unter Mimes einsamer Obhut zu einem kräftigen Naturburschen herangewachsen. Auf der Bühne sehen wir Mime in einer Felsenhöhle an einem großen Amboss mit wachsender Unruhe an einem Schwert hämmern. Im Hintergrund stehen ein aus natürlichen Felsstücken geformter Schmiedeherd, ein großer Blasebalg und andere Schmiedegerätschaften; eine rohe Esse führt durch das Felsendach. Mime ist sichtlich unzufrieden. Er ahnt, dass ihn sein Handwerk nur dem nächsten Misserfolg näherbringt. Kein Schwert aus seiner Hand will Siegfrieds halbgöttlichen Kräften standhalten.[7] Seit Siegfried heranwuchs, wiederholt sich in Mimes Höhle täglich ein Ritual: Siegfried fordert ein haltbares Schwert, läuft in den Wald hinaus und zertrümmert nach seiner Rückkehr undankbar, was Mime während seiner Abwesenheit schmiedete. Die fordernde Ungeduld des Jünglings erinnert Mime konstant an sein größtes Problem: die ihm heimlich immer wieder misslingende Reparatur des göttlichen Zauberschwertes. In ein zwanghaftes Selbstgespräch vertieft, findet Mime, der Ring wäre ein angemessener Ausgleich für seine Mühe um das ungeliebte Kind.[8] In Wahrheit war es umgekehrt: den Säugling nahm er auf, damit ihm der Jüngling arglos Zugriff zum Ring verschafft. Unmutig hält Mime inne.

---

6 Richard Wagner, *Eine Mitteilung an meine Freunde*, GSD IV, S. 312.

7 In dieser Hinsicht trägt Mime gewisse Züge des antiken Sisyphos.

8 Siehe Tz 957–959, 1098–1100, 1170–1175, 1207–1209.

(Mime.)

Zwangvolle Plage! Müh' ohne Zweck!
Das beste Schwert, das je ich geschweißt,
in der Riesen Fäusten hielte es fest;
doch dem ich's geschmiedet, der schmähliche Knabe,
er knickt und schmeißt es entzwei,
als schüf' ich Kindergeschmeid'!

Er wirft das werdende Schwert unmutig auf den Amboss, stemmt seine Arme in die Hüfte und blickt nachdenklich zu Boden. Mime kennt die Lösung seines Problems, nicht aber den Weg dorthin: könnte er Nothung reparieren, gäbe es endlich ein Schwert, das den unbändigen Kräften Siegfrieds standhält. Und mit Nothung könnte der Drache Fafner getötet werden, der den Nibelungenhort mit dem Ring bewacht. Selbst das beste Schwert aus Mimes Hand taugt nicht dazu. Sein, wie er weiß, sinnloses Handwerk verrichtet Mime nur, weil Siegfried täglich aufs Neue ein haltbares Schwert von ihm fordert.

(Mime.)

Es gibt ein Schwert, das er nicht zerschwänge;
Nothungs Trümmern zertrotzt' er mir nicht:
könnt' ich die starken Stücken schweißen,
die meine Kunst nicht zu kitten weiß!
Könnt' ich's dem Kühnen schmieden,
meiner Schmach erlangt' ich da Lohn!

(Er lehnt sich weiter zurück und neigt nachdenklich sein Haupt.)

Fafner, der wilde Wurm, lagert im finst'ren Wald;
mit des furchtbaren Leibes Wucht der Niblungen Hort hütet er dort.
Siegfrieds kindischer Kraft erläge wohl Fafners Leib:
des Niblungen Ring erränge ich mir;

Ein Schwert nur taugt zu der Tat;
nur Nothung nützt meinem Neid,
wenn Siegfried sehrend ihn schwingt.
Und ich kann's nicht schweißen, Nothung das Schwert!

Mime hat das Schwert auf dem Amboss wieder zurechtgelegt und hämmert in höchstem Unmut weiter.

Zwangvolle Plage! Müh' ohne Zweck!
Das beste Schwert, das je ich geschweißt,

nie taugt es je zu der einzigen Tat:[9]
ich tapp're und hämm're nur, weil der Knabe es heischt;
er knickt und schmeißt es entzwei
und schmählt[10] *doch, schmied' ich ihm nicht!*

In wilder Waldkleidung und mit einem silbernen Horn an einer Kette[11] kommt Siegfried *mit jähem Ungestüm* aus dem Wald in die Höhle gestürmt. An einem Bastseil führt er einen großen Bären, den er *mit lustigem Übermut* gegen Mime hetzt.[12] Mime lässt vor Schreck das Schwert fallen und flüchtet hinter den Herd. Unbändig lachend treibt ihm Siegfried den Bären überallhin nach. Der robuste Scherz ist ein treffendes Kurzporträt des Spaßmachers, den Wagner idealisierend als kraftvollen Naturburschen von naiver Gradlinigkeit und absoluter Furchtlosigkeit zeichnet.[13]

---

[9] Das ist der von Wotan erhoffte Mord am Drachen Fafner; siehe *Walküre* Tz 651–657 sowie *Götterdämmerung* Tz 1376–1379.

[10] Meckert.

[11] Das Horn schmiedete Mime für Siegfried, siehe Tz 88.

[12] Siegfrieds Scherz mit dem wilden Bären übernahm Wagner aus der 16. Aventiure des *Nibelungenlieds*, Strophen 943–959.

[13] Treffend und weiterführend dazu Volker Mertens, Der Ring, S. 94f.: *Siegfried-Bashing ist üblich. Einen schuldlosen, freien, liebenden Helden, den darf es nicht geben. Doch das Musikdrama will ihn so. Er ist ein Naturkind, keine blonde Bestie, ein „kühnes herrliches Kind" wie die geliebte Brünnhilde. Die in der deutschen Literatur aus historisch gut verständlichen Gründen verbreitete Neigung, Siegfried in Bausch und Bogen als törichten Wüstling zu disqualifizieren, geht in vieler Hinsicht am Text und an Wagners Absichten und Ideen vorbei.* – Auch wer mit Wagners Gedanken und/oder Siegfrieds Charakterbild fremdelt, sollte zur Kenntnis nehmen, dass Wagners Siegfried nicht durch primitive nationalsozialistische Stereotypen, sondern durch griechisch-mythische Idealbilder geprägt wird. Siegfried trägt Züge des Achilles, in dem Wagner einen schönen und starken freien Menschen sah und idealisierte. *So lässt Wagner seinen Siegfried mit dem Ring und dem Nibelungenhort zwar die Macht gewinnen, doch dieser lässt den Ring und den Hort unbeachtet liegen und erweist sich in seiner harmlosen Kraftentfaltung, seiner unschuldigen Ungebundenheit und Freiheit den Göttern überlegen, die ihre Macht durch Schuld gewonnen haben*; näher dazu: Wolfgang Schadewaldt, *Richard Wagner und die Griechen*, S. 368. Wagners Ideen verdeutlicht eine kurze Notiz aus seiner Feder zu einem nie ausgeführten Achilleus-Drama: *Achilleus zu Agamemnon*: *Suchst du Wonne im Herrschen, so lehre dich Klugheit zu lieben*; näher dazu: Wolfgang Schadewaldt a.a.O.

(Siegfried.)
Hoiho! Hau ein! Hau ein!
Friss ihn! Friss ihn, den Fratzenschmied!
(Er lacht unbändig.)

(Mime.)
Fort mit dem Tier!
Was taugt mir der Bär?

Lachend fordert Siegfried den Bären auf, Mime nach dem bestellten Schwert zu fragen. Als Mime verängstigt auf das neue Schwert zeigt, löst Siegfried den Bastzaum und schickt den Bären mit einem Schlag auf den Rücken zurück in den Wald. Weniger freundlich teilt er Mime mit, dass er den Bären nur vorläufig entlassen habe.

(Siegfried.)
Zu zwei komm' ich, dich besser zu zwicken.
Brauner! Frag' nach dem Schwert!

(Mime.)
He! Lass' das Wild!
Dort liegt die Waffe;
fertig fegt'[14] *ich sie heut'.*

(Siegfried, zu Mime.)
So fährst du heute noch heil.

(Siegfried, zum Bären.)
Lauf', Brauner! Dich brauch' ich nicht mehr.

Sobald der Bär entschwunden ist, kommt Mime zitternd hinter dem Herd hervor und kommentiert den groben Scherz erstaunlich humorvoll: Bären mag er in seiner Höhle nur, wenn sie tot sind.

(Mime.)
Wohl leid' ich's gern, erlegst du Bären;
was bringst du lebend die Braunen heim?

Siegfried setzt sich, um sich vom Lachen zu erholen. Dann erläutert er seinen Scherz: selbst wilde Bären sind ihm angenehmer als Mime.

---

[14] Machte / schmiedete.

(Siegfried.)

Nach bess'rem Gesellen sucht' ich, als daheim mir einer sitzt;
im tiefen Walde mein Horn ließ ich hallend da ertönen:
ob sich froh mir gesellte ein guter Freund?
Das frug' ich mit dem Getön'.

Aus dem Busche kam ein Bär, der hörte mir brummend zu;
er gefiel mir besser als du, doch bess're fänd' ich wohl noch!
Mit dem zähen Baste zäumt' ich ihn da,
dich Schelm nach dem Schwerte zu fragen.

Siegfried springt auf und geht auf den Amboss zu. Mime nimmt das Schwert auf, um es Siegfried zu reichen, wobei er fragend die Schärfe der Klinge lobt.

(Mime.)

Ich schuf die Waffe scharf,
ihrer Schneide wirst du dich freun?

Heftig entwindet Siegfried Mimes ängstlichem Handgriff das Schwert und betrachtet es prüfend. Mehr als die Schärfe interessiert ihn die Festigkeit der Klinge.

(Siegfried.)

Was frommt seine helle Schneide,
ist der Stahl nicht hart und fest?

(Er prüft das Schwert.)

Hei! Was ist das für müß'ger Tand!
Den schwachen Stift nennst du ein Schwert?

Mit einem Griff zerschlägt Siegfried das Schwert auf dem Amboss.[15] Mime weicht den umherfliegenden Stücken erschrocken aus. Dem Zerstörungswerk folgt ein Wutausbruch des Jünglings, der manches über Mimes Erziehungsmethoden und Erziehungsziele preisgibt. Vorab beschimpft Siegfried den für seine Begriffe konstant erfolglosen Ziehvater als Stümper. Dann heißt es gut zuhören: Siegfried berichtet, wie Mime ihn mit Geschichten über Riesen, bewaffnete Kämpfe und militärische Heldentaten aufzog. Nach dieser Beschreibung – warum sollte Siegfried insoweit unter vier Augen die

---

[15] Siehe die symbolisch aufgeladene Umkehrung dieser Schwertprobe nach Tz 757.

Unwahrheit sagen? – liegt nahe, dass Siegfrieds ungehobelte Gier auf ein haltbares Schwert[16] auf Mimes Versprechen zurückzuführen ist, den Jüngling mit für die beschriebenen Kämpfe geeigneten *Waffen und Schwertern* auszustatten. Zugespitzt könnte man Siegfrieds hasserfüllte Tirade gegen Mime gar als Resultat von Siegfrieds Enttäuschung über die konstant ausbleibende Lieferung des von Mime versprochenen Waffenarsenals (*tüchtige Wehr, Waffen und Schwerter*) deuten. Mit einem robusten Wortspiel legt Siegfried dar, was ihn mit seinem Ziehvater emotional am stärksten verbindet: am liebsten würde er Mime mit einem seiner missratenen Schwerter erschlagen. Ist schon das keine Nettigkeit, ist noch unfreundlicher, warum Siegfried den Totschlag unterlassen haben will: Siegfried will die schwachen Schwerter geschont haben, weil Mime ihm *zu schäbig* sei. Die musikalische Untermalung des juvenilen Wutausbruchs verdankt Wagner einem eigenen Wutausbruch über das nerventötende Gehämmer eines seiner Züricher Wohnung benachbarten Blechschmieds. In *Mein Leben* notierte Wagner dazu:

> *Am 22. September* (1856) *begann ich bereits die Aufzeichnung des Entwurfes. Da stellte sich denn eine der Hauptplagen meines Lebens zu entscheidender Bedrängnis ein: unserem Hause gegenüber hatte sich neuerdings ein Blechschmied einquartiert und betäubte meine Ohren fast den ganzen Tag über mit seinem weitschallenden Gehämmer. In meinem tiefen Kummer darüber, nie es zu einer unabhängigen, gegen jedes Geräusch geschützten Wohnung bringen zu können, wollte ich mich schon entschließen, alles Komponieren bis dahin aufzugeben, wo mir endlich dieser unerläßliche Wunsch erfüllt sein werde. Gerade mein Zorn über den Blechschmied gab mir jedoch in einem aufgeregten Augenblicke das Motiv zu Siegfrieds Wutausbruch gegen den ‚Stümperschmied' Mime ein: ich spielte sogleich meiner Schwester das kindisch zankende Polter-Thema in G-moll vor und sang wütend die Worte dazu, worüber wir alle denn so lachen mussten, dass ich beschloss, für diesmal noch fortzufahren.*[17]

So geht die Szene zwar nicht textlich, wohl aber musikalisch mit einem authentischen Wutausbruch des Komponisten weiter:

---

16 Siehe dazu die Sinnparallele in *Walküre* Tz 183–196.

17 Richard Wagner, *Mein Leben*, S. 550f.

(Siegfried.)
Da hast du die Stücken, schändlicher Stümper!
Hätt' ich am Schädel dir sie zerschlagen!
Soll mich der Prahler länger noch prellen?

Schwatzt mir von Riesen und rüstigen Kämpfen,
von kühnen Taten und tüchtiger Wehr;
will Waffen mir schmieden, Schwerte schaffen;
rühmt seine Kunst, als könnt' er 'was Recht's:
nehm' ich zur Hand nun, was er gehämmert,
mit einem Griff zergreif' ich den Quark!

Wär' mir nicht schier zu schäbig der Wicht,
ich zerschmiedet' ihn selbst mit seinem
Geschmeid, den alten albernen Alb:
des Ärgers dann hätt' ich ein End'!

Siegfried wirft sich wütend auf eine Steinbank; Mime ist ihm immer vorsichtig ausgewichen. Seine beschwichtigende Antwort rundet das Bild der gegensätzlichen Charaktere ab. Während Siegfried schonungslos ausspricht, was er denkt, führt Mime im Mund, was er situativ für nützlich hält. Sein schwülstiges Selbstlob wirkt abstoßend, weil zu herauszuhören ist, dass Mime nicht glaubt, was er predigt.

(Mime.)
Nun tobst du wieder wie toll!
Dein Undank, traun, ist arg!

Mach' ich dem bösen Buben nicht alles gleich zu best,
was ich ihm Gutes schuf, vergisst er gar zu schnell.
Willst du denn nie gedenken, was ich dich lehrt' vom Danke:
dem sollst du willig gehorchen, der je sich wohl[18] *dir erwies.*

Siegfried wendet sich unmutig mit dem Gesicht zur Wand und kehrt Mime abweisend den Rücken zu.

(Mime.)
Das willst du wieder nicht hören!
Doch speisen magst du wohl?
Vom Spieße bring' ich den Braten:

---

[18] Gut / freundlich.

versuchtest du gern den Sud?
Für dich sott ich ihn gar.

Aufdringlich hält Mime dem abgewandten Wüterich einen Topf mit Speise hin. Ohne sich umzuwenden, schlägt Siegfried ihm Topf und Braten aus der Hand.

(Siegfried.)
Braten briet ich mir selbst:
deinen Sudel sauf' allein!

Mime stellt sich empfindlich. Väterliche Zuneigung heuchelnd – in Wahrheit verabscheut er Siegfried nicht weniger als dieser ihn,[19] – beklagt Mime Siegfrieds Undank. Warum Dank dauerhaft ausbleibt, erklärt Mimes vor Selbstmitleid triefendes „Erziehungslied". Text und Stimmführung sprechen dafür, dass wir nicht der Premiere der *mit kläglich kreischender Stimme* vorzutragenden Litanei beiwohnen.

(Mime.)
Das ist nun der Liebe schlimmer Lohn!
Das der Sorgen schmählicher Sold!

Als zullendes Kind zog ich dich auf,
wärmte mit Kleiden den kleinen Wurm:
Speise und Trank trug ich dir zu,
hütete dich wie die eigne Haut.

Und wie du erwuchsest, wartet' ich dein,
dein Lager schuf ich, dass leicht du schliefst.
Dir schmiedet' ich Tand und ein tönend Horn[20]*;*
dich zu erfreun, müht' ich mich froh:
mit klugem Rate riet ich dir klug,
mit lichtem Wissen lehrt' ich dich Witz.

Sitz' ich daheim in Fleiß und Schweiß,
nach Herzenslust jagst du umher.

---

[19] Zu Mimes Abneigung gegen Siegfried siehe Tz 957–959, 1098–1100, 1170–1175, 1207–1209; zu Siegfrieds Abneigung gegen Mime siehe Tz 40, 54–66, 98–114, 126f., 166, 186–192, 259–271, 888–890, 932–940, 960–972, 1253–1256 und *Götterdämmerung* Tz 1190–1194.

[20] Sein Horn verdankt Siegfried also Mimes geschickten Händen.

Für dich nur in Plage, in Pein nur für dich,[21]
verzehr' ich mich alter armer Zwerg!
(Schluchzend.)
Und aller Lasten ist das nun mein Lohn,
dass der hastige Knabe mich quält und hasst!

Vom eigenen Pathos überwältigt, gerät Mime ins Schluchzen, während er einem forschenden Blick des Jünglings scheu auszuweichen sucht. Siegfried antwortet dem Heuchler mit einem schonungslosen Geständnis seiner Abneigung, das er genüsslich mit Beispielen aus dem Alltag garniert. Man hört: Mime muss längst nichts Schlechtes mehr tun, um Siegfrieds Abneigung auszulösen.

(Siegfried.)
Vieles lehrtest du, Mime,
und manches lernt' ich von dir;
doch was du am liebsten mich lehrtest,
zu lernen gelang mir nie: – wie ich dich leiden könnt'!

Trägst du mir Trank und Speise herbei, –
der Ekel speist mich allein;
schaffst du ein leichtes Lager zum Schlaf, –
der Schlummer wird mir da schwer;
willst du mich weisen witzig zu sein, –
gern bleib' ich taub und dumm.

Seh' ich dir erst mit den Augen zu,
zu übel erkenn' ich, was alles du tust!
Seh' ich dich stehn, gangeln und geh'n,
knicken und nicken, mit den Augen zwicken: –
beim Genick möcht' ich den Nicker packen,
den Garaus geben dem garst'gen Zwicker!

So lernt' ich, Mime, dich leiden.

Nach diesem wenig schmeichelhaften Porträt seines selbsternannten Vaters wechselt Siegfried das Thema. Plötzlich nachdenklich stellt er Mime drei Fragen zu seiner Herkunft – ein Thema, das Wagner aus autobiographischen Gründen zeitlebens beschäftigte und in vielen seiner Werke prominent Platz findet.[22] Seine erste

[21] Siehe die Sinnparallele in *Rheingold* Tz 428f.

[22] Siehe Tz 964–981, 1058f., *Walküre* Tz 119–122; weiterführend dazu: Martin Gregor-Dellin, *Richard Wagner*, S. 38ff.

Frage kleidet Siegfried in die Form einer Bitte: Mime möge ihm erklären, warum er (Siegfried) immer wieder aus dem Wald zu Mime zurückkehrt, obwohl ihm der Wald und die Tiere viel besser gefallen als Mime.

(Siegfried.)
Bist du nun weise, so hilf mir wissen,
worüber umsonst ich sann:
in den Wald lauf' ich, dich zu verlassen; –
wie kommt das, kehr' ich zurück?[23]

Alle Tiere sind mir teurer als du:
Baum und Vogel, die Fische im Bach,
lieber mag ich sie leiden als dich: –
wie kommt das nun, kehr' ich zurück?

Bist du klug, so tu' mir's kund.

Der Gegenstand der Frage ist für Mime weit verfänglicher, als Siegfried ahnt und ahnen kann. Um den ihm verhassten, für seinen Welteroberungsplan aber unentbehrlichen Drachentöter in spe an sich zu binden, hat Mime stets vorgegeben, er sei Siegfrieds Vater.[24] Aus, wie sich zeigen wird, gutem Grund fürchtet Mime, dass Siegfried ihn ohne diese Zwecklüge verlassen würde, ohne den Drachen Fafner zu töten, von dem Siegfried übrigens bislang noch nichts weiß.[25] Um das heikle Abstammungsthema möglichst nicht zu vertiefen, will sich Mime dem Ziehsohn vertraulich nähern[26] und beantwortet er dessen Frage so vordergründig wie möglich: Siegfrieds Rückkehrwunsch zeige, wie sehr Siegfried ihn liebe.

(Mime.)
Mein Kind, das lehrt' dich kennen,
wie lieb ich am Herzen dir lieg'.

Siegfrieds lachenden Zwischenruf

---

[23] Wie kommt es, dass ich (von dort immer wieder) zurückkehre?

[24] Siehe Tz 82–97, 130–138.

[25] Siehe Tz 542–556.

[26] Ebenso vertraulich wird sich Mime in der für ihn gleichfalls kritischen Situation geben, wenn Siegfried damit droht, ihn zu verlassen; siehe Regieanweisung nach Tz 890.

(Siegfried.)
Ich kann dich ja nicht leiden: –
vergiss das nicht so leicht!

übergeht Mime mit der Beharrlichkeit des Ratlosen. Als hätte er ein Kleinkind vor sich, vergleicht er den ihm längst entwachsenen Ziehsohn mit einem hilflosen Jungvogel. Passender wäre der Vergleich mit einem jungen Kuckuck, der seinen Wirtsvogel längst überragt.

(Mime.)
Dess' ist deine Wildheit schuld,
die du, Böser, bänd'gen sollst!

Jammernd verlangen Junge nach ihrer Alten Nest:
Liebe ist das Verlangen;
so lechzest du auch nach mir,
so liebst du auch deinen Mime –
so musst du ihn lieben!

Was dem Vögelein ist der Vogel,
wenn er im Nest es hegt – eh' das flügge mag fliegen,
das ist dir kind'schem Spross der kundig sorgende Mime, –
das muss er dir sein!

Siegfrieds zweite Frage gerät noch verfänglicher als die erste. Diesmal will Siegfried wissen, wer Mimes Frau und seine eigene Mutter sei. Denn im Wald hat Siegfried beobachtet, dass Nachkommen nicht ohne Weibchen entstehen.

(Siegfried.)
Ei, Mime! Bist du so witzig[27]*,*
so lass mich eines noch wissen.

Es sangen die Vöglein so selig im Lenz,
das eine lockte das andre:
du sagtest selbst, da ich's wissen wollt', –
das wären Männchen und Weibchen:

Sie kosten so lieblich und ließen sich nicht;
sie bauten ein Nest, und brüteten drin;

---

[27] Klug.

da flatterte junges Geflügel auf,
und beide pflegten der Brut.

So ruhten im Busch auch Rehe gepaart,
selbst wilde Füchse und Wölfe;
Nahrung brachte zum Neste das Männchen;
das Weibchen säugte die Welpen:

Da lernt' ich wohl, was Liebe sei,
der Mutter entwandt' ich die Welpen nie.
Wo hast du nun, Mime, dein minniges Weibchen,
dass ich es Mutter nenne?

Mime setzt sein Versteckspiel fort. Würde er preisgeben, wer Siegfrieds Mutter war, würde Siegfried wohl auch nach seinem Vater fragen. Und erführe Siegfried, dass Mime nicht sein Vater ist, hielte ihn wohl nichts länger bei Mime. Doch eine überzeugende Antwort auf die eines Tages vorhersehbare Frage will Mime nicht einfallen. Unsicher fragend hält er Siegfried *verdrießlich* vor, dieser sei halt kein Waldtier.

(Mime.)
Was ist dir, Tor?
Ach, bist du dumm!
Bist doch weder Vogel noch Fuchs?

Siegfried weiß wenig von der Welt. Doch dumm ist er nicht – und auch nicht humorlos. Ironisch hält er Mime einen Auszug aus dessen Erziehungslied vor.

(Siegfried.)
Das zullende Kind zogest du auf,
wärmtest mit Kleiden den kleinen Wurm: –
wie kam dir aber der kindische Wurm?
Du machtest wohl gar ohne Mutter mich?

Darauf *in großer Verlegenheit*, wie uns Wagners Regieanweisung wissen lässt, erklärt Mime Siegfrieds Abstammung kurzerhand zur Glaubensfrage.

(Mime.)
Glauben sollst du, was ich dir sage:
ich bin dir Vater und Mutter zugleich.

Doch für Glaubenssätze – zumal solche aus Mimes Mund – hat Siegfried wenig übrig. Er traut den eigenen Augen mehr als Mimes Worten. Und im Wald hat er beobachtet, dass die Jungen ihren Eltern ähneln. Sein eigenes Spiegelbild erinnert aber nicht entfernt an Mime. Da aus einer Kröte noch nie ein glänzender Fisch gekrochen sei, wie er dem selbsternannten Vater wenig schmeichelhaft vorhält, ist Siegfried davon überzeugt, dass Mime ihn belügt.

(Siegfried.)
Das lügst du, garstiger Gauch![28]
Wie die Jungen den Alten gleichen,
das hab' ich mir glücklich ersehn.

Nun kam ich zum klaren Bach:
da erspäht' ich die Bäum' und Tier' im Spiegel;
Sonn' und Wolken, wie sie nur sind,
im Glitzer erschienen sie gleich.

Da sah ich denn auch mein eigen Bild: –
ganz anders als du dünkt' ich mir da;
so glich wohl der Kröte der glänzende Fisch;
doch kroch nie der Fisch aus der Kröte!

Ratlos und *höchst ärgerlich* kommen Mime diesmal nur hohle Worte über die Lippen.

(Mime.)
Gräulichen Unsinn kramst du da aus!

Mimes Verlegenheit ermutigt Siegfried *immer lebhafter* zu seiner dritten Frage. Bevor er sie ausspricht, fällt ihm auf, dass sie seine erste Frage beantwortet. Siegfried will endlich wissen, wer seine Eltern sind. Nur weil Mime ihm das noch nicht verraten habe, will Siegfried immer wieder aus dem Wald zu Mime zurückkehren.[29]

(Siegfried.)
Siehst du! Nun fällt auch selbst mir ein,
was zuvor umsonst ich besann:

---

[28] Narr / Tor / Dummkopf; im Alt- und Mittelhochdeutschen ursprünglich: Kuckuck.

[29] Siehe die noch ratlose Frage Siegfrieds in Tz 115–123.

wenn zum Wald ich laufe, dich zu verlassen,
wie das kommt, kehr' ich doch heim?

Von dir erst muss ich erfahren,
wer Vater und Mutter mir sei!

Als Mime ausweichend nur stammelt,

(Mime.)
Was Vater! Was Mutter!
Müßige Frage!

springt Siegfried auf und fasst Mime *bei der Kehle*. Das ist, wie manche Kritiker tadeln, wahrlich kein Gebaren, das wohlerzogene Kinder – auch Ziehkinder – ihren Eltern angedeihen lassen sollten. Doch wer Siegfrieds zupackendes Vorgehen missbilligt, sollte nicht nur vorwurfsvoll auf die Bühne blicken, sondern auch aufmerksam zuhören. Der Text bietet zwar keine veritable Rechtfertigung der Handgreiflichkeit, wohl aber eine erhellende Erklärung für Siegfrieds ungezügeltes Verhalten. Was Siegfried dem gewürgten Ziehvater vorhält, spricht dafür, dass Mime – in zugegeben wenig beneidenswerter Form – nur erntet, was er jahrelang mit Vorbedacht säte. In eigener Person krankhaft furchtsam[30] hat Mime den Jüngling mit wilden Heldengeschichten zum – nicht minder krankhaft – absolut furchtlosen Drachentöter abgerichtet.[31] Diese Dressur verübte Mime mit beachtlicher Rücksichtslosigkeit. So stand der Erwerb von Fertigkeiten, die nicht unmittelbar dem Drachenkampf dienen, nicht auf Mimes Lehrplan. Selbst das Sprechenlernen musste Siegfried dem Ziehvater gewaltsam abringen. Nach Wagners Konzept darf man den Täter auf der Bühne (Siegfried) darum eher für ein Opfer und das Opfer auf der Bühne (Mime) eher für einen (seinerseits von Wotan für den Wälsungen-Plan missbrauchten) Täter halten.

(Siegfried.)
So muss ich dich fassen, um 'was zu wissen;
gutwillig erfahr' ich doch nichts!
So musst' ich Alles ab dir trotzen:
kaum das Reden hätt' ich erraten,
entwand ich's mit Gewalt nicht dem Schuft!

---

[30] Siehe Tz 522–532.

[31] Siehe Tz 57–60.

Heraus damit, räudiger Kerl!
Wer ist mir Vater und Mutter?

Als Mime in Todesangst mit dem Kopf nickt und mit den Händen winkt, löst Siegfried den Würgegriff. Gleich darauf vernehmen wir, was wohlerzogene Kritiker von Siegfrieds ungehobeltem Verhalten zu überhören scheinen: den beherzten Griff an seine Kehle hat Mime weit besser verstanden als Siegfrieds dritte Frage. Nun räumt Mime ein, dass er nicht Siegfrieds Vater ist. In groben Umrissen berichtet er, wie er Sieglinde vor Schmerzen wimmernd im Wald fand, wie er ihr zu seiner Höhle half, wie sie dort Siegfried gebar und kurz darauf verstarb. Anders als Mime beteuert, gibt er längst nicht alles preis, was er über Siegfried und dessen Abstammung weiß; er beschränkt sich auf eine wohlbedachte Auswahl. Die Namen der Eltern, deren Abstammung von Wotan und die besonderen Qualitäten des Schwerts, das Sieglinde ihm für Siegfried anvertraute, bedenkt Mime rundum mit Schweigen. Glatt gelogen ist, dass er den Säugling aus Erbarmen angenommen haben will. Die Pflege des ungeliebten Kindes übernahm Mime als ersten und unverzichtbaren Schritt auf dem Weg zur erträumten Weltherrschaft.[32]

(Mime.)
Ans Leben gehst du mir schier!
Nun lass! Was zu wissen dich geizt,
erfahr es, ganz wie ich's weiß.

O undankbares, arges Kind!
Jetzt hör', wofür du mich hassest!

Nicht bin ich Vater noch Vetter dir,
und dennoch verdankst du mir dich;
ganz fremd bist du mir, deinem einzigen Freund;
aus Erbarmen allein barg ich dich hier:
nun hab' ich lieblichen Lohn!
Was verhofft' ich Tor mir auch Dank!

Einst lag wimmernd ein Weib da draußen im wilden Wald;
zur Höhle half ich ihr her, am warmen Herd sie zu hüten.
Ein Kind trug sie im Schoße, traurig gebar sie's hier;
sie wand sich hin und her, ich half so gut ich konnt':
groß war die Not! Sie starb: – doch Siegfried, der genas.

---

32 Siehe Tz 1170–1172.

Siegfried hat sich niedergesetzt. Seine betroffene Zwischenfrage[33]

(Siegfried.)
So starb meine Mutter an mir?

übergeht Mime so herzlos wie wortlos, um nach gelogenem Eigenlob wieder in das Erziehungslied abzugleiten.

(Mime.)
Meinem Schutz übergab sie dich;
ich schenkt' ihn gern dem Kind.
Was hat sich Mime gemüht,
was gab sich der Gute für Not!
„..Als zullendes Kind zog ich dich auf ...“

Unwirsch fällt ihm Siegfried ins Wort. Er will wissen, woher sein Name stammt. Wieder gibt Mime nur das Nötigste preis und weicht dann – weil er entweder nicht anders kann oder weil er weiteren Fragen vorbeugen möchte – aufs Neue in sein Erziehungslied aus.

(Siegfried.)
Mich dünkt, dess' gedachtest du schon!
Jetzt sag', – woher heiß' ich Siegfried?

(Mime.)
So hieß mich die Mutter, möcht' ich dich heißen;
als Siegfried würdest du stark und schön.
„Ich wärmte mit Kleiden den kleinen Wurm ...“

Weiterhin auffällig wortkarg reagiert Mime, als sich Siegfried nach den Namen seiner Eltern erkundigt. An Sieglindes Namen will sich Mime auch auf entschiedenes Nachfassen nur mühsam und ungefähr erinnern.[34]

(Siegfried.)
Nun melde, wie hieß meine Mutter?

---

[33] Vgl. dazu auch Tz 977–979.

[34] Siehe dagegen Mimes völlig ungetrübte Erinnerung unter höchster Anspannung und Lebensgefahr in Tz 398–401.

(Mime.)
Das weiß ich wahrlich kaum! –
„Speise und Trank trug ich dir zu …“

(Siegfried.)
Den Namen sollst du mir nennen!

(Mime.)
Entfiel er mir wohl? Doch halt!
Sieglinde mochte die heißen, die dich in Sorge mir gab: –
„Ich hütete dich wie die eig'ne Haut …“

Und Siegfrieds Frage nach dem Namen seines Vaters pariert Mime so gekonnt ausweichend, dass er selbst auf eine gezielte Nachfrage nicht direkt lügen muss, obwohl er Siegmunds Namen kennt.[35]

(Siegfried.)
Dann frag' ich, wie hieß mein Vater?

(Mime, barsch.)
Den hab' ich nie gesehn!

(Siegfried.)
Doch die Mutter nannte den Namen?

(Mime.)
Erschlagen sei er, – das sagte sie nur:
dich Vaterlosen befahl sie mir da.
„Und wie du erwuchsest, wartet' ich dein';
dein Lager schuf ich, dass leicht du schliefst! …“

Wieder unterbricht Siegfried den Rückfall ins Erziehungslied. Er fordert sichtbare Beweise dafür, dass Mime nicht gelogen hat.

(Siegfried.)
Still mit dem alten Starenlied!
Soll ich der Kunde glauben,
hast du mir nichts gelogen,
so lass mich Zeichen seh'n!

---

35 Siehe Tz 398.

Mimes berechtigte Gegenfrage,

(Mime.)
Was soll dir's noch bezeugen?

lässt Siegfried nicht gelten. Er will nicht Mimes Worten, sondern allein den eigenen Augen trauen.[36]

(Siegfried.)
Dir glaub' ich nicht mit dem Ohr',
dir glaub' ich nur mit dem Aug':
welch' Zeichen zeugt für dich?

Als wäre das ein Beweis für irgendetwas, holt Mime *nach einigem Besinnen* die beiden Bruchstücke Nothungs herbei. Er schwindelt, Sieglinde habe ihm die Teile als Lohn für Kost und Pflege des Säuglings gegeben. Andere Textstellen und insbesondere Mimes eigene Gewissensbisse sprechen dafür, dass Sieglinde ihm – wie ihr von Brünnhilde aufgetragen – die Schwertstücke treuhänderisch für Siegfried anvertraute.[37]

(Mime.)
Das gab mir deine Mutter;
für Mühe, Kost und Pflege ließ sie's als schwachen Lohn:
sieh' her, ein zerbroch'nes Schwert;
dein Vater, sagte sie, führt' es, als im letzten Kampf er erlag.

Der Anblick des zerbrochenen Vaterschwertes vertreibt Siegfried alle weiteren Fragen. *Begeistert* befiehlt er Mime, das väterliche Schwert auf der Stelle zu reparieren. Ganz ohne Drohung kommt ihm der Reparaturauftrag nicht über die Lippen: falls Mime bei der Reparatur bummele oder pfusche, will Siegfried ihm *zu Leibe fahren.*

(Siegfried.)
Und diese Stücken sollst du mir schmieden:
dann schwing' ich mein rechtes Schwert!

Auf! Eile dich, Mime! Mühe Dich rasch!
Kannst du 'was Recht's, nun zeig' deine Kunst:

---

36 Siehe dazu auch Tz 167–176.

37 Siehe *Walküre* Tz 1152–1155 und *Siegfried* Tz 436.

täusche mich nicht mit schlechtem Tand!
Den Trümmern allein trau' ich was zu!

Find' ich dich faul, fügst du ihn schlecht,
flickst du mit Flausen den festen Stahl:
dir Feigem fahr' ich zu Leib',
das Fegen lernst du von mir!

Denn heute noch, schwör' ich, will ich das Schwert,
die Waffe gewinn' ich noch heut'!

Mimes ängstliche Frage

(Mime.)
Was willst du noch heut' mit dem Schwert?

beantwortet Siegfried mit einem Wanderlied, das auf schwungvolle Weise Mimes größte Sorge bestätigt: mit dem väterlichen Schwert in der Hand will Siegfried in die weite Welt ziehen (*in der Ferne bin ich heim*) und nie mehr zu Mime zurückkehren (*dein Herd ist nicht mein Haus*).

(Siegfried.)
Aus dem Wald fort in die Welt zieh'n:
nimmer kehr' ich zurück!
Wie ich froh bin, dass ich frei ward,
nichts mich bindet und zwingt!

Mein Vater bist du nicht;
in der Ferne bin ich heim;
dein Herd ist nicht mein Haus,
meine Decke nicht dein Dach.

Wie der Fisch froh in der Flut schwimmt,
wie der Fink frei sich davon schwingt,
flieg' ich von hier, flute davon,
wie der Wind über'n Wald weh' ich dahin: –

dich, Mime, nie wieder zu seh'n!

Mit diesem Lied auf den Lippen stürmt Siegfried in den Wald. Mime will ihn *in höchster Angst* zurückhalten.

(Mime.)
Halte! Halte! Halte! Wohin?
He! Siegfried! Siegfried! He!

Doch entweder hört Siegfried die Rufe nicht oder er überhört sie geflissentlich. Mime sieht dem Davonstürmenden eine Weile staunend nach; dann kehrt er in die Schmiede zurück und setzt sich hinter den Amboss. Der Daheimgebliebene ist nicht zu beneiden. Misslingt ihm die Reparatur, will Siegfried ihm *zu Leibe fahren*; gelingt ihm die Reparatur, will Siegfried ihn verlassen. So oder so droht das Scheitern des Projekts, für das Mime einsam und beharrlich bald zwei Jahrzehnte seines Lebens alleinerziehend opferte. In einem Selbstgespräch reflektiert Mime seine Zwickmühle: weder mit Siegfried noch mit den Bruchstücken des göttlichen Zauberschwerts kommt er im Sinne der eigenen Pläne zurecht.

(Mime.)
Da stürmt er hin!
Nun sitz' ich da;
zur alten Not[38] *hab' ich die neue*[39]*:*
vernagelt bin ich nun ganz!

Wie helf' ich mir jetzt?
Wie halt' ich ihn fest?
Wie führ' ich den Huien[40] *zu Fafners Nest?*
Wie füg' ich die Stücken des tückischen Stahls?

Keines Ofens Glut glüht mir die echten;
keines Zwergen Hammer zwingt mir die harten!
Des Niblungen Neid, Not und Schweiß nietet mir Nothung nicht,[41]
schweißt mir das Schwert nicht zu ganz!

Schluchzend knickt Mime verzweifelnd auf dem Schemel hinter dem Amboss zusammen.

---

[38] Nothungs unentbehrliche und Mime immer wieder misslingende Reparatur.

[39] Siegfrieds drohende Flucht.

[40] Den schnell (in den Wald) entlaufenen Siegfried.

[41] Weder meine Habgier noch meine Not oder mein Fleiß lassen die Reparatur gelingen.

‚The Ring' is one of the most stupendous dramas that humanity has ever produced.[42]

Zweite Szene

Seit er Brünnhilde aus Walhall verbannte, ist Wotan nur noch ein *abgeschiedener Geist seiner selbst.*[43] Die Symptome dieser Wesensveränderung wird Waltraute, eine der acht Schwestern Brünnhildes, in der *Götterdämmerung* als Zeugin aus erster Hand beschreiben.[44] Nach heutigen Begriffen depressiv oder ausgebrannt *schweift* Wotan als Wanderer einsam durch die Welt. Walhalls Helden meidet er. Die ihm in unermüdlichem Tatendrang treu ergebenen Walküren schickt er nicht mehr zum Rekrutensammeln auf die weltlichen Schlachtfelder. In dieser Szene wird Wotan ein letztes Mal relevant in das irdische Geschehen eingreifen.[45] Nur zum Abschied wird er später Alberich, dann Erda und schließlich Siegfried aufsuchen.[46] Sein äußeres Erscheinungsbild entspricht Wotans neuem Selbstverständnis. Wenn er gleich aus dem Wald an das hintere Tor zu Mimes Höhle tritt, trägt er, als Wanderer verkleidet, einen langen dunkelblauen Mantel und führt seinen Weltenspeer wie einen Wanderstab. Auf dem Kopf trägt der Wanderer einen großen Hut mit breiter Krempe, die tief über das fehlende Auge hereinhängt. Derart für Kenner höchst unvollkommen getarnt,[47] wird Wotan seinem un-

---

42 Ernest Newman, *The Life of Richard Wagner*, Band 2, S. 341f.

43 So Richard Wagner in einem *Brief an seinen Freund August Röckel* vom 25./26. Januar 1854.

44 Siehe *Götterdämmerung* Tz 425–460.

45 Anderer Ansicht: Carl-Heinz Mann, *Gerechtigkeit für Wotan*, S. 42, für den sich mit Wotans Rätselfragen lediglich das Schicksal vollzieht, das sich der furchtsame Mime selbst geschaffen habe. – Über Wotans weiteres Wirken in Walhall wird Waltraute im ersten Aufzug der *Götterdämmerung* berichten, siehe dort Tz 425–460. Indirekt durch die Gegenwart seiner Raben wird Wotan zu Siegfrieds Tod beitragen; siehe *Götterdämmerung* Regieanweisung nach Tz 1260.

46 Siehe Tz 758ff., 1295ff. und 1407ff.

47 Wie vielfach im *Ring* erzählen der Text und die Musik an dieser Stelle die gleiche Geschichte aus unterschiedlicher Perspektive: die textliche Regieanweisung *„DER WANDERER (WOTAN)"* stellt gleich anfänglich klar, wen wir im Kostüm des Wanderers vor uns haben. Wie ein Spiegelbild zu Wotans innerer Absicht, in seiner weltlichen Verkleidung von Mime nicht (sofort) erkannt zu werden, legt das Orchester

freiwilligen Gastgeber Mime eine tödliche Wissenswette aufzwingen.[48] Das makabre Spiel ist für die Handlung weniger obsolet als manche meinen.[49] Wotan hat triftige Gründe, Mime zu bestrafen. Als Ziehvater Siegfrieds dient Mime zwar unentbehrlich dem seit Brünnhildes Verbannung neu aufgelegten Wälsungen-Plan.[50] Auch leistet Mime an Siegfried unverzichtbar götterfern, was Wotan an Siegmund eigenhändig misslingen musste.[51] Doch will Wotan nicht unbestraft hinnehmen, dass der Zwerg seinen Helden (Siegfried) und sein Schwert (Nothung) einsetzen will, um den Ring *für Zwergen-Zwecke* zu gewinnen.[52] Die passende Strafe für solchen Eigennutz liegt nach Wotans archaischen Maßstäben auf der Hand: wer ein göttliches Schwert eigennützig zweckentfremden will, ist dem Tod durch dieses Schwert geweiht.[53] So wird es kommen. Darüber hinaus fördert der Ausgang der Wissenswette eine fachkundige Vorbereitung Siegfrieds auf den Drachenkampf durch Mime. Solchen Unterricht könnte Mime dem jugendlichen Drachentöter zwar ohnedies erteilen. Doch erst das mit einer entsprechenden Vorbedingung versehene Todesurteil des Wanderers wird Mime nachher animieren, in der Hoffnung, so den eigenen Kopf retten zu können, den Unterricht im Drachenkampf mit höchstmöglicher Sorgfalt zu erteilen. Mit einer furchterregend detaillierten Beschreibung der

---

hingegen erst nach gut 80 Takten zu den Worten des Wanderers *„Hier sitz' ich am Herd"* dessen wahre Identität offen.

48 Die Grundstruktur und sogar manche Passagen des Dialogs übernahm Wagner aus den *Götterliedern der älteren Edda* (Das Wafthrudnirlied).

49 Wie hier: Roger Scruton, *Ring of Truth*, S. 235–239, Hans Mayer, *Richard Wagner,* S. 175f., der die *bösartige Heiterkeit* der Szene hervorhebt, und Harry Kupfer in: Hans Mayer, *Richard Wagner*, S. 525, der dieser Szene *eine unglaubliche Notwendigkeit* attestiert; anderer Ansicht: Peter Wapnewski, *Der Ring*, S. 165.

50 Siehe *Walküre* Tz 1402–1434.

51 Siehe dazu *Walküre* Tz 496–498, 658–668, 675–678, 699. In dieser Hinsicht hat das tödliche Wettspiel einen weiteren und etwas unschönen Beigeschmack: solange Mimes eigennützige Bemühungen um den früh verwaisten Hoffnungsträger dem neu aufgelegten Wälsungen-Plan Wotans nützten, ließ Wotan den Dingen in Mimes Höhle weitgehend freien Lauf. Doch nun, da Mime kurz davor steht, die Früchte seiner jahrelang entbehrungsreichen Einsamkeit zu ernten, lässt Wotan den nützlichen Zwerg mitleidlos durch Siegfried „entsorgen." Aus ähnlichen Motiven Wotans mussten schon Siegmund und Sieglinde sterben.

52 Wotans Unmut wird in der Einleitung seiner dritten Frage deutlich hervortreten; siehe Tz 424–428.

53 Vgl. Wotans Worte zu Brünnhildes Bestrafung in *Walküre* Tz 1197f.

Drachengefahren wird sich Mime nach Kräften bemühen, dem ausersehenen Drachentöter (eigentlich deutlich zu früh) das Fürchten beizubringen. Gelänge dies, hätte Wotans Todesurteil für Mime seinen Schrecken verloren. Schließlich ist es gekonnte Ironie, dass Mime mit seinem von Todesangst getriebenen Unterricht dazu beitragen wird, dass der Drachenkampf anders ausgehen wird, als Mime sich das wünscht: *„Fafner und Siegfried – Siegfried und Fafner – oh, brächten beide sich um!"*[54]

Der Wanderer (Wotan) kaschiert sein tödliches Vorhaben mit äußerlich vollendeter Ehrerbietung; innerlich erfüllt ihn hörbar die Herablassung eines dem Gesprächspartner gewusst in jeder Hinsicht Überlegenen. Er grüßt Mime weihevoll als *weisen Schmied* und hebt im Verlauf der Begegnung – wie Mime selbst – mehrfach dessen Klugheit hervor.[55] Mime, dessen Name etymologisch ungefähr *der Weise* bedeutet, fühlt sich in der Rolle des vermeintlich Klugen ausgesprochen wohl; Wotan macht sich hingegen über Mimes eingebildete Gescheitheit[56] konstant nur lustig.

(Wanderer.)
Heil dir, weiser Schmied!
Dem wegmüden Gast gönne hold des Hauses Herd!

Allzu viele Besucher wird Mime in seiner selbstgewählten Abgeschiedenheit noch nicht empfangen haben. So *fährt er erschrocken auf*, als der Wanderer ihn anspricht.[57] Auch wenn er zunächst nicht erkennt, wer ihn da besucht, wird Mime ahnen, dass wohl nicht allein der Zufall den Besucher zu ihm führt. Langsam näherkommend gibt sich Wotan als weitgereisten Wanderer aus.

---

[54] Siehe Tz 957–959. Diese tragische Pointe unterstreicht Wagner mit kleinteiligen Bühnenanweisungen, die dafür sorgen werden, dass der Drachenkampf in exakt der gleichen Choreographie ablaufen wird wie Mimes Kampfunterricht; siehe dazu einerseits Tz 893–922 und andererseits die Bühnenanweisungen nach Tz 1038.

[55] Siehe Tz 365, 404, 407, 424f., 429, 449 und 452.

[56] Siehe Tz 419–421, 440, 657–660 und 730–739.

[57] Im großen *Prosaentwurf Der junge Siegfried* begrüßt Mime den Wanderer, erschrocken von einem Reparaturversuch des zerbrochenen Schwertes Nothung auffahrend, mit den Worten: *Wer ist es, der in diesen fernen Wald gelangt, den ich einsam immer bewohnt.*

(Mime.)
Wer ist's, der im wilden Walde mich sucht?
Wer verfolgt mich im öden Forst?

(Wanderer.)
Wand'rer heißt mich die Welt;
weit wandert' ich schon:
auf der Erde Rücken rührt' ich mich viel!

Misstrauisch und geistreich fordert Mime den selbsternannten Wandersmann zum Weitergehen auf. Wagners Prosaentwurf *Der junge Siegfried* nennt das Motiv der unverblümten Ausladung: Mime fürchtet, der weitgereiste und darum womöglich vielwissende Besucher könnte Siegfried über Zusammenhänge aufklären, die Mime dem Jüngling mit Bedacht vorenthielt.[58] Ungerührt und nach Götterart weihevoll lehnt Wotan die Ausladung – verbunden mit einer kaum verhüllten Drohung – ab.[59]

(Mime.)
So rühre dich fort und raste nicht hier,
nennt dich Wand'rer die Welt!

(Wanderer.)
Gastlich ruht' ich bei Guten,
Gaben gönnten viele mir:
denn Unheil fürchtet, wer unhold ist.

Der weihevolle Habitus des Wanderers behagt Mime so wenig wie seinem Bruder im *Rheingold*.[60] *Unbehagen* bereitet Mime auch die Anspielung des Wanderers, Unheil fürchte, wer kein reines Gewissen habe. Mime fühlt sich angesprochen. Nicht nur hielt er die Bruchstücke Nothungs lange versteckt, statt sie, wie ihm von Sieglinde aufgetragen, Siegfried auszuhändigen.[61] Auch sein Vorhaben, Siegfried ahnungslos als tödliche Kampfmaschine gegen Fafner einzusetzen,[62] um selbst den Ring zu gewinnen, ist keine gute Grundlage für ein reines Gewissen. Dass sich dieser Teil seiner Plä-

[58] Diese Sorge, die Mimes abweisendes Verhalten gegenüber dem Wanderer erklärt, kommt im finalen Ringtext nur andeutungsweise in Tz 1147f. zum Ausdruck.

[59] Siehe dazu die gespiegelte Sinnparallele in *Walküre* Tz 137f.

[60] Siehe *Rheingold* Tz 708f.

[61] Siehe Tz 436.

[62] Siehe Tz 407–410, 419–421 und 1100.

ne mit Wotans eigenen Absichten deckt, kann Mime nicht ahnen. Den aus diesen Gründen gut verstandenen Tadel des Wanderers gibt Mime in Frageform an den Absender zurück, wobei er selbstmitleidig und geschickt den Täter (*wer unhold ist*) zum Opfer (*dem Armen*) umstilisiert.

(Mime.)
Unheil wohnte immer bei mir;
willst du dem Armen es mehren?[63]

Wollte er bei der Wahrheit bleiben, müsste der Wanderer Mimes Frage glatt bejahen. Das tut er zwar nicht ausdrücklich, aber indirekt durch seine Einladung des Gastgebers zu einer tödlichen Wissenswette. Diese Wette wird in Mimes Worten sein Unheil auf tödliche Weise *mehren*. Um das Wettspiel vorzubereiten, preist Wotan, der langsam immer nähertritt, den unschätzbaren Wert seiner Ratschläge.

(Wanderer.)
Viel erforscht' ich, erkannte viel;
Wicht'ges konnt' ich manchem künden,
manchem wehren, was ihn mühte, nagende Herzensnot.

Man sollte meinen, das kostenfreie Beratungsangebot käme Mime gelegen. Wie er vor der Ankunft des Wanderers verzweifelt reflektierte,[64] ist sein Beratungsbedarf sowohl erheblich als auch dringend. Siegfrieds Freiheitsdrang und die konstant misslingende Schwertreparatur lassen eigentlich keinen Raum, klugen Rat aus weltläufigem Mund auszuschlagen. Das aber tut Mime. Sein Beweggrund ist nicht allein zwergenhaftes Misstrauen;[65] Mime fürchtet, der weltläufige Fremde könnte seinem Plan auf die Schliche kommen.[66]

(Mime.)
Spürtest du klug und erspähtest du viel,
hier brauch' ich nicht Spürer noch Späher.
Einsam will ich und einzeln sein:
Lungerern lass' ich den Lauf.

---

[63] Siehe die Sinnparallele in *Walküre* Tz 51f.
[64] Siehe Tz 274–285.
[65] Siehe dazu auch *Rheingold* Tz 770–773.
[66] Siehe Tz 1147f.

Aber Wotan lässt sich nicht abwimmeln. Er tritt Schritt für Schritt näher und erklärt im Stil eines geübten Handelsvertreters, dass schon mancher, der sich für klug hielt, aber nicht wusste, was ihm fehlt, von seinem Rat profitiert habe. Bis auf den Schlussvers des Wanderers, den Mime tragisch verfehlen wird, sind die Worte ein treffendes Situationsporträt des Gastgebers.

(Wanderer.)
Mancher wähnte weise zu sein;
nur was ihm not tat, wusste er nicht;
was ihm frommte, ließ ich erfragen:
lohnend lehrt' ihn mein Wort.

Den denkbaren Nutzen des Beratungsangebots erfasst Mime nicht. Ängstlich beobachtet er, wie sich der Wanderer immer weiter nähert. Seine bange Aufforderung, der Wanderer möge seines Weges ziehen, weil er (Mime) keinen fremden Rat benötige,[67]

(Mime.)
Müß'ges Wissen wahren Manche;
ich weiß mir g'rade genug;
mir genügt mein Witz, ich will nicht mehr!
Dir Weisem weis' ich den Weg!

beirrt Wotan nicht. Ähnlich, wie er das zum eigenen Missfallen im *Rheingold*[68] mit Erda erlebte, greift Wotan zu einem starken Argument: er fragt nicht nach den Wünschen seines Gegenübers, er handelt. So unerbeten wie unwillkommen setzt sich Wotan am Herd nieder und erläutert seinem unfreiwilligen Gastgeber die Spielregeln der Wissenswette, als hätte Mime danach gefragt.[69] Die Regeln sind denkbar einfach: der Wanderer verliert seinen Kopf, wenn er von drei Fragen, die Mime ihm stellen darf, auch nur eine nicht richtig beantworten kann. Den zweiten Teil der Spielregeln behält der Wanderer vorerst für sich: wenn er Mimes Fragen alle richtig beantwortet hat, kehrt sich die Wette um. Dann verliert Mime seinen Kopf, wenn er von drei Fragen des Wanderers eine nicht richtig beantworten kann.

---

[67] Weiterführend zu dieser Szene: Hans Mayer, *Richard Wagner,* S. 175f.

[68] Siehe die Bühnenanweisungen in *Rheingold* nach Tz 1073 und 1075.

[69] Ein wenig später wird Wotan in Tz 375f. behaupten, er habe seinen Kopf aufs Spiel gesetzt, um sich am Herd niedersetzen zu dürfen. Der Gastgeber des Wanderers weiß von dieser angeblichen Vorbedingung so wenig wie die Zuschauer.

(Wanderer.)
Hier sitz' ich am Herd,
und setze mein Haupt der Wissens-Wette zum Pfand.
Mein Kopf ist dein, du hast ihn erkiest,
erfrägst du dir nicht, was dir frommt,
lös' ich's mit Lehren nicht ein.[70]

Was nach dieser Einweisung in die Spielregeln in Mimes Kopf vorgeht, erfahren wir nicht. Sollte er die Anleitung für eine zutreffende und vollständige Beschreibung des Wettspiels halten, könnte er sich gelassen auf das Spiel einlassen und abwarten, ob ihm die Antworten des Wanderers etwas nützen. Sollte Mime hingegen schon wissen oder auch nur ahnen, dass der Wanderer ihm den lebensgefährlichen zweiten Teil der Spielregeln vorenthalten hat, könnte er die Wette ablehnen oder das zumindest versuchen. Mimes Verhalten passt zu keiner dieser Varianten. Weder nimmt er die Wette gelassen an, noch versucht er ihr auszuweichen. Laut Wagners Regieanweisung lässt sich Mime *erschrocken und befangen* auf das Wettspiel ein.[71]

(Mime, kleinmütig für sich.)
Wie werd' ich den Lauernden los?
Verfänglich muss ich ihn fragen.

Mime *ermannt sich wie zur Strenge.*

(Mime, laut zum Wanderer.)
Dein Haupt pfänd' ich für den Herd:
nun sorg', es sinnig zu lösen!
Drei der Fragen stell' ich mir frei.

Der Wanderer ist einverstanden, denn so lautete sein Vorschlag.

(Wanderer.)
Dreimal muss ich's treffen.

---

[70] Mein Kopf ist dir verfallen, kann ich nicht richtig lösen, was du dir (zu deinem Nutzen) erfragst.

[71] Eine denkbare Erklärung für Mimes Verhalten wäre, dass Mime zwar den zweiten Teil der Spielregeln kennt, die Wette aber annimmt, weil er entweder ahnt oder schon erkannt hat, wen er vor sich hat und darum nicht wagt, das lebensbedrohliche Wettspiel abzulehnen.

Die drei Fragen, die er dem Wanderer nun stellen sollte, hat Mime in seinem Selbstgespräch vor dem Eintreffen des Wanderers akkurat formuliert. Sie lauten: „*Wie halt' ich ihn fest?*" (Wie kann ich verhindern, dass Siegfried geht, bevor er Fafner getötet hat?), „*Wie führ' ich den Huien zu Fafners Nest?*" (Wie motiviere ich Siegfried zum Kampf gegen Fafner?) und „*Wie füg' ich die Stücken des tückischen Stahls?*" (Wie kann ich Nothung reparieren?).[72] Statt dem Wanderer auch nur eine dieser Fragen zu präsentieren, erkundigt sich Mime aus Angst, Unsicherheit oder Einfalt[73] dreimal nach Gegebenheiten, die ihm geläufig sind. Geographisch aufsteigend fragt er nach den Geschlechtern, die unter der Erde, auf der Erde und im Himmel wohnen. Seine erste Frage gilt nach kurzem Nachdenken dem eigenen Volk, den Nibelungen.

(Mime.)
Du rührtest dich viel auf der Erde Rücken,
die Welt durchwandertest weit;
nun sage mir schlau: welches Geschlecht tagt in der Erde Tiefe?

Der Wanderer gibt in seiner Antwort komprimiert wieder, was im *Rheingold* in Nibelheim geschah. Dabei ruft er einen dem Textdichter wichtigen Zusammenhang in Erinnerung: der Ring verlieh Alberich Macht nur hausintern über die Nibelungen. Die Welt hätte Alberich daher nicht mit magischer Zauberkraft erobern können, sondern dank der weltlichen Goldgier der Götter und Helden nur mittelbar mithilfe des von den Nibelungen geschürften Goldschatzes.[74]

(Wanderer.)
In der Erde Tiefe tagen die Nibelungen;
Nibelheim ist ihr Land;
Schwarzalben sind sie;
Schwarz-Alberich hütet' als Herrscher sie einst:

---

[72] Siehe Tz 279–281.

[73] Man könnte Mime zugutehalten, dass er die Richtigkeit der ihm vom Wanderer gegebenen Antworten nur dann zuverlässig beurteilen kann, wenn er Fragen stellt, auf die er die richtigen Antworten kennt. Rundum überzeugend wirkte diese Erklärung allerdings nicht. Denn der sichere Nachweis einer falschen Antwort des Wanderers würde Mime nur dann relevant nützen, wenn Mime daran läge, dass der Wanderer seinen Kopf verliert. Für eine solche Motivation Mimes spricht nichts.

[74] Siehe *Rheingold* Tz 732–751 und Richard Wagner, *Die Wibelungen*, GSD II, S. 133.

Eines Zauberringes zwingende Kraft
zähmt' ihm das fleißige Volk;
reicher Schätze schimmernden Hort häuften sie ihm:
der[75] *sollte die Welt ihm gewinnen.*

Zum zweiten, was frägst du, Zwerg?

Mime *versinkt in immer tieferes Sinnen*. Ein Grund für diese Nachdenklichkeit könnte sein: was der Wanderer soeben als Alberichs Vorhaben beschrieb, ist zugleich ein akkurates Spiegelbild des Plans, den Mime seit der Annahme des Säuglings verfolgt und mit misstrauischer Vorsicht peinlich hütet. Woher, so mag sich Mime *sinnend* fragen, kann der Fremde diesen Plan kennen? Mime lässt sich nichts anmerken und erkundigt sich mit seiner zweiten Frage nach den Riesen.

(Mime.)
Viel, Wanderer, weißt du mir aus der Erde Nabelnest;[76]
nun sage mir schlicht:
welches Geschlecht wohnt auf der Erde Rücken?

Auch die Antwort auf diese Frage bereitet Wotan erwartungsgemäß keine Mühe. Bemerkenswert ist indes, wie Wotan seinem Zuhörer den Hortbesitz des Drachen Fafner erklärt. Wotan behauptet, die Riesen hätten den Hort an sich genommen, um Alberich zu entmachten. Das trifft die Wahrheit bestenfalls zur Hälfte. Zwar missgönnten die Riesen Alberich das Gold aus Sorge vor fremder Übermacht.[77] Doch den wahren Kern der Historie, nämlich seine eigene Gier nach dem Ring und den göttlichen Raubzug in Nibelheim, lässt Wotan unter den Tisch fallen. Anders als manche Kritiker meinen, dürfte Wotans abgekürzte Geschichtsdarstellung nicht auf einem Redaktionsversehen des irdischen Textdichters beruhen, sondern auf der vom Textdichter auch in anderem Zusammenhang liebevoll gepflegten schönfärberischen Neigung des göttlichen Wandersmannes.

---

[75] Der Hort, nicht der Ring!

[76] Für Mime ist die eigene Heimat (Nibelheim) der vertraute Nabel der Welt.

[77] Siehe *Rheingold* Tz 455–458.

(Wanderer.)

Auf der Erde Rücken wuchtet der Riesen Geschlecht:
Riesenheim ist ihr Land.
Fasolt und Fafner, der Rauhen Fürsten,[78] *neideten Nibelungs Macht;*
den gewaltigen Hort gewannen sie sich,[79]
errangen mit ihm den Ring.[80]

Um den entbrannte den Brüdern Streit:
der Fasolt fällte,[81] *als wilder Wurm hütet nun Fafner den Hort.*[82]

Die dritte Frage nun droht.

Mit seiner dritten Frage wendet sich Mime, der nun *ganz entrückt* und nachdenklich wirkt, den Göttern zu.

(Mime.)

Viel, Wanderer, weißt du mir von der Erde rauhem Rücken.
Nun sage mir wahr,
welches Geschlecht wohnt auf wolkigen Höh'n?

Kaum zufällig nimmt die Antwort des Wanderers auf diese Frage annähernd so viel Raum ein wie die ersten beiden Antworten zusammen. Interessanter als diese Formalie, die man Heimatliebe oder einem gesunden Selbstbewusstsein des Wanderers zuschreiben kann, sind vier inhaltliche Details. Zum ersten fällt auf, wie Wotan sich und seine Mitgötter bezeichnet. Den abfällig konnotierten Bezeichnungen *Schwarzalben* und *Schwarz-Alberich* stellt er hier erstmals die analog gebildeten Bezeichnungen *Lichtalben* und *Licht-Alberich* entgegen.[83] Indirekt gibt Wotan damit zu verstehen, dass er die

---

[78] Fasolt und Fafner waren ehedem offenbar die Fürsten des Riesenvolkes.

[79] Das ist nicht direkt falsch, aber ungenau. Nicht die Riesen, sondern Wotan *gewann* den Hort dank Loges List von Alberich. Erst aus Wotans Hand erhielten ihn die Riesen.

[80] Wotan beschreibt zutreffend, dass die Riesen den Ring erhielten, weil dieser zum Goldschatz gehört; am Ring und an dessen Machtwirkung waren beide Riesen nicht interessiert.

[81] Fafner.

[82] Fafner, der Fasolt tötete, hütet als gefürchteter Drache den Goldschatz.

[83] Die Unterscheidung der *Lichtalben* von den (dort) so genannten *Dunkelalben* übernahm Wagner aus den Dichtungen der Edda: *Die Edda des Snorri Sturluson*, Gylfis Täuschung, Gesang 24: *Es gibt eine Stätte, die Albenheim genannt wird. Dort lebt das Volk der Lichtalben, die Dunkelalben dagegen wohnen unten in der Erde.*

Götter nur (noch) als eine hellere Kehrseite der Nibelungen begreift – eine Einsicht, die in Alberich schon vor dem göttlichen Raubüberfall in Nibelheim gereift war.[84] Zum zweiten beschwört Wotan auffällig laut und beschönigend, woran er gar nicht glaubt: dass sein Speer ihm ewigen Gehorsam aller Geschlechter auf Erden garantiere. Nur wenig später zeichnet Wotan ein realistischeres Bild der Grenzen seiner Macht: die Nibelungen gehorchen ihm nicht und haben ihm nie gehorcht; Wotan kann allein hoffen, die Nibelungen mit der Kraft seines Speeres gewaltsam unterdrücken zu können.[85] Zum dritten räumt Wotan – elegant ins Positive gewendet – ein, dass sein prähistorischer, zerstörerischer Baumfrevel nicht irgendeinem Ast der seit seinem Ortsbesuch siechenden Weltesche galt, sondern dem stattlichsten (dem *weiblichsten*) aller Äste. Viertens und schließlich fällt auf, was Wotan weiterhin nicht für erwähnenswert hält: den spektakulären Raubzug der Götter in Nibelheim spart er – absichtlich oder aus instinktiv absichtsloser Täuschungsabsicht?[86] – aus.[87]

(Wanderer.)
Auf wolkigen Höh'n wohnen die Götter:
Walhall heißt ihr Saal.
Lichtalben sind sie;
Licht-Alberich, Wotan, waltet der Schar.

Aus der Weltesche weiblichstem Aste schuf er sich einen Schaft:
dorrt der Stamm, nie verdirbt doch der Speer;
mit seiner Spitze sperrt Wotan die Welt.

---

[84] Siehe Rheingold Tz 717 und Bryan Magee, *Wagner and Philosophy*, S. 115: *Alberich and Wotan represent the two most familiar faces of political power, and are very much two sides of the same coin: on the one hand naked violence, administered with terror and the whip, the sort of brute force that treats other people as objects if not obstacles, ...; and on the other hand civilised order founded on the rule of laws, agreements, contracts, all of which embody respect for the Other.*

[85] Siehe Tz 798–801 und Wotans betreffende Sorge in *Walküre* Tz 637, 680–702 und *Götterdämmerung* Tz 426–431; anders noch Wotans Selbstüberschätzung auf dem selbstempfundenen Gipfel seiner Macht in *Rheingold* Tz 231f.

[86] Siehe dazu Wotans eigene Darstellung in *Walküre* Tz 584.

[87] Siehe dazu Udo Bermbach, *Alles ist nach seiner Art*, S. 37.

Heil'ger Verträge Treue-Runen schnitt in den Schaft er ein.
Den Haft der Welt hält in der Hand,
wer den Speer führt, den Wotans Faust umspannt:

ihm neigte sich der Niblungen Heer;
der Riesen Gezücht zähmte sein Rat:
ewig gehorchen sie alle des Speeres starkem Herrn.

Bei seinem letzten Wort *stößt der Wanderer wie unwillkürlich mit seinem Speer auf den Boden, wovon Mime heftig erschrickt;* ein leiser Donner ist zu vernehmen. Spätestens jetzt dürfte Mime erkannt haben, wer ihn gerade besucht.[88] Spöttisch erkundigt sich der Wanderer, ob Mime meint, dass er richtig geantwortet habe und ob er seinen Kopf behalten dürfe.

(Wanderer.)
Nun rede, weiser Zwerg!
Wusst' ich der Fragen Rat?
Behalte mein Haupt ich frei?

Mime gerät, nachdem er den Wanderer mit dem Speer aufmerksam beobachtet hat, in große Angst, sucht verwirrt nach seinen Gerätschaften und blickt scheu zur Seite. Ein viertes und letztes Mal fordert er den Wanderer vergeblich zum Gehen auf.

(Mime.)
Fragen und Haupt hast du gelöst:
nun, Wand'rer, geh' deines Weg's!

Auch was bei diesen Worten in Mime vorgeht, ist nicht leicht zu sagen. Hält er die Wissenswette für beendet oder ahnt er den Rollentausch, der nun folgen wird? Text und Musik beantworten das nicht. Wagners Regieanweisung spricht dafür, dass Mime *ängstlich* ahnt, dass nun der zweite und für ihn lebensgefährliche Teil der Wissenswette ansteht. So kommt es: mit dem knappen Hinweis, das sei so *Wettens Pflicht*, fordert der Wanderer Mime auf, drei Fragen zu beantworten. Und den Preis für eine Fehlantwort teilt er auch gleich mit: Mimes Kopf.

[88] Dafür sprechen Mimes Worte in Tz 382f. und 1146–1148. Ebenso: Roger Scruton, *Ring of Truth*, S. 99.

(Wanderer.)

Was zu wissen dir frommt, solltest du fragen:
Kunde verbürgte mein Kopf.
Dass du nun nicht weißt, was dir frommt,
dess' fass' ich jetzt deines als Pfand.[89]

Gastlich nicht galt mir dein Gruß;
mein Haupt gab ich in deine Hand,
um mich des Herdes zu freun.[90]

Nach Wettens Pflicht pfänd' ich nun dich,
lösest du drei der Fragen nicht leicht.[91]
Drum frische dir, Mime, den Mut!

Sehr schüchtern und zögernd spricht Mime sich leise (vielleicht auch nur still in Gedanken) Mut zu, bevor er, *sich in furchtsamer Ergebung fassend,* das Wort an den Wanderer richtet.

(Mime, leise zu sich selbst.)

Lang' schon mied ich mein Heimatland,
lang' schon schied ich aus der Mutter Schoß:
mir leuchtete Wotans Auge,[92] *zur Höhle lugt' er herein:*
vor ihm magert mein Mutterwitz.

(Mime, vernehmlich zum Wanderer.)

Doch frommt mir nun, weise zu sein, –
Wand'rer, frage denn zu!
Vielleicht glückt mir's gezwungen –
zu lösen des Zwergen Haupt.

---

[89] Da du nun nicht weißt, was dir nützt, pfände ich jetzt deinen Kopf. (Zwingend logisch wirkt das nicht.)

[90] Meinen Kopf gab ich in deine Hand, damit ich mich an den Herd setzen durfte.

[91] Nach den Wettregeln ist mir dein Kopf verfallen, beantwortest du nicht drei Fragen richtig.

[92] Diese Aussage ist doppeldeutig: sie passt auf Wotans Blick ebenso wie (im sagenumwobenen Sinn) auf die Sonne. Im großen Prosaentwurf *Der junge Siegfried* erklärt der Wanderer seinem unfreiwilligen Gastgeber, dass aus Wotans Haupt *nur ein Auge leuchtet, weil das andre am Himmel schon glänzt.* – Auch dies spricht dafür, dass Wotan sein fehlendes Auge nicht erst bei seiner Brautwerbung um Fricka verlor, sondern als junger Gott als Preis für einen Trank aus der Quelle der Weisheit hingab. So ausgestattet unterwarf sich Wotan die Welt, über der Wotans Auge wie (oder als) Sonne aufging; siehe dazu auch *Walküre* Tz 580–583, *Siegfried* Tz 795–797 und *Götterdämmerung* Tz 15–18.

Die drei Fragen des Wanderers folgen thematisch ebenfalls einer klaren Richtung. Nicht wie Mimes Fragen geographisch, sondern zeitlich bewegen sich Wotans Fragen aufwärts: von der Vergangenheit über die Gegenwart in die Zukunft.[93] Die erste Frage mag auf ringkundige Zuhörer harmlos wirken, ist für den Befragten aber anspruchsvoll. Mime soll Wotans Lieblingsgeschlecht benennen. In der Fragestellung schimmert verhalten ein schlechtes Gewissen des Fragestellers. Dass er sich Siegmund und Sieglinde *schlimm zeigte*, wie Wotan erklärt, ist für seinen heimtückischen Mord an Siegmund und seine Mitwirkung an der ebenfalls tödlichen Vertreibung der schwangeren Sieglinde in die Waldeinsamkeit eine gelinde Untertreibung. Aber: woher soll der götterferne und seit etwa 20 Jahren auch weltenferne Zwerg wissen, was den Zuschauern aus Wotans Vier-Augen-Gesprächen mit Fricka und Brünnhilde in der *Walküre* bekannt ist – dass Wotans Hoffnungen auf einem Menschengeschlecht ruhten, von dem Wotan schon seit 20 Jahren nichts mehr wissen will[94] und an dessen Untergang er tatkräftig mitgewirkt hat?

(Wanderer.)
Nun, ehrlicher Zwerg!
Sag' mir zum ersten!
Welches ist das Geschlecht,
dem Wotan schlimm sich zeigte,
und das doch das liebste ihm lebt?

Mimes Antwort zeugt von profunder und verblüffend detaillierter Weltkenntnis. Selbst Wotans familiärer Kosename *Wälse*, den wiederzugeben Brünnhilde bei ihrer Begegnung mit Siegmund peinlich vermied,[95] ist Mime geläufig. Auch ist nun festzustellen, dass Mime log, als er Siegfried erklärte, den Namen seiner Mutter erinnere er nur mit Mühe und den seines Vaters kenne er gar nicht.[96] Beide Namen hat Mime diesmal trotz höchster Anspannung mühelos parat.

(Mime.)
Wenig hört' ich von Heldensippen;
der Frage doch mach' ich mich frei.

---

[93] Weiterführend dazu: Hans Mayer, *Richard Wagner*, S. 176f.

[94] Siehe *Walküre* Tz 1374–1380.

[95] Siehe insbesondere *Walküre* Tz 826–828; die Anrede *Wälsung* kam Brünnhilde hingegen zwanglos über die Lippen; *Walküre* Tz 828, 858 und 895.

[96] Siehe Tz 220–231.

Die Wälsungen sind das Wunschgeschlecht,
das Wotan zeugte und zärtlich liebte,
zeigt' er auch Ungunst ihm.

Siegmund und Sieglind' stammten von Wälse,
ein wild verzweifeltes Zwillingspaar:
Siegfried zeugten sie selbst,
den stärksten Wälsungenspross.

Behalt' ich, Wand'rer, zum ersten mein Haupt?

Auch die Antwort auf die zweite Frage des Wanderers bereitet Mime keine Mühe. Diese Frage gilt dem Schwert, mit dem Fafner getötet werden kann. Das ist, wie Mime weiß, das Schwert Nothung. Unkomfortabel ist allerdings ein Unterton, der die zweite Frage des Wanderers begleitet. Dass ein *weiser Nibelung*, der sich für besonders schlau halte, Siegfried dazu benutzen wolle, um Fafner zu töten, gibt Wotans Unmut über Mimes Eingriff in den eigenen Plan deutlich zu verstehen. Gerne würde man den Wanderer einmal unter vier Augen nach der Quelle dieser Verärgerung befragen. Da sich Wotan zur Willensfreiheit bekennt und schon einmal treffend beklagte, dass freie Wesen keine Marionetten sind,[97] wüsste man gerne, warum er zu erwarten scheint, dass Mime intuitiv gehorsam so handeln sollte, wie es Wotan gefällt. Ebenfalls interessant wäre, warum der Wanderer Mime für die Ausübung einer Freiheit zu bestrafen beabsichtigt, auf die Wotan für eine götterferne Ausbildung seines weltrettenden Helden meint angewiesen zu sein.[98] Denn ohne Mimes gottlose Mitwirkung wäre Siegfried – insbesondere aus Wotans eigener Sicht – als rettender Held so ungeeignet wie sein Vater.[99]

(Wanderer.)
Wie doch genau das Geschlecht du mir nennst!
Schlau eracht' ich dich Argen.
Der ersten Frage ward'st du frei:
zum zweiten nun sag' mir, Zwerg!

Ein weiser Niblung[100] *wahret Siegfried;*
Fafner'n soll er ihm fällen,

---

[97] Siehe *Walküre* Tz 658–668.

[98] Siehe *Walküre* Tz 658–668.

[99] Siehe *Walküre* Tz 669–678.

[100] Spöttisch für Mime.

dass den Ring er erränge,
des Hortes Herrscher zu sein.

Welches Schwert muss Siegfried nun schwingen,
taug' es zu Fafner's Tod?

Wieder unterstreicht eine Regieanweisung das Eigeninteresse Mimes am Gegenstand der Frage: *seine gegenwärtige Lage immer mehr vergessend, reibt sich Mime vergnügt die Hände.* Das ist gut verständlich. Seit Sieglinde ihm den vielversprechenden Säugling und die Bruchstücke Nothungs hinterließ, genießt Mime im Wettlauf um den Ring und die Weltherrschaft einen aus seiner Sicht uneinholbaren Vorsprung vor allen Konkurrenten. Die Genugtuung über seinen gefühlt ersten Startplatz ist aus Mimes Antwort herauszuhören. Weniger leuchtet ein, wie ungerührt Mime die Wiedergabe seines peinlich gehüteten Plans durch den Wanderer notiert; eigentlich müsste Mime an dieser Stelle erschrecken. Im Übrigen zeugt seine Antwort wieder einmal von profundem Wissen über Ereignisse und Zusammenhänge, die Mime nicht selbst beobachtet haben kann[101] – und die er Siegfried jahrelang wohlweislich vorenthielt.

(Mime.)
Nothung heißt ein neidliches Schwert;
in einer Esche Stamm stieß es Wotan:
dem sollt' es geziemen, der aus dem Stamm es zög'.

Der stärksten Helden keiner bestand's:
Siegmund der Kühne konnt's allein:
fechtend führt' er's im Streit, bis an Wotans Speer es zersprang.

Nun verwahrt die Stücken ein weiser Schmied[102]*;*
denn er weiß, dass allein mit dem Wotansschwert[103]
ein kühnes dummes Kind, Siegfried, den Wurm versehrt.

(Ganz vergnügt.)
Behalt' ich Zwerg auch zweitens mein Haupt?

---

[101] Hier wie auch in anderen Zusammenhängen erfahren wir nicht, woher das gelegentlich erstaunliche Detailwissen der Protagonisten auf der Bühne stammt. Ähnlich erstaunliches Unwissen erleben wir ebenfalls – etwa bei Erdas Erscheinung im *Rheingold* (dort Tz 1058ff.): die Urmutter allen Lebens scheint allen Göttern unbekannt.

[102] Mime selbst.

[103] Nothung.

Gönnerhaft lachend lobt der Wanderer Mimes Gescheitheit. Was von diesem Kompliment zu halten ist, kommentieren im Orchester unheilschwanger die Posaunen. Ungut klingt auch die Andeutung, die der Wanderer seiner dritten Frage vorausschickt. Das im Orchester bereits anklingende Todesurteil verdichtet sich in der dritten Frage, die da lautet: wer wird Nothung reparieren?

(Wanderer.)
Hahahahahahahaha!
Der Witzigste bist du unter den Weisen,
wer käm' dir an Klugheit gleich?

Doch bist du so klug,
den kindischen Helden für Zwergenzwecke zu nützen, –
mit der dritten Frage droh' ich nun.

Sag' mir, du weiser Waffenschmied:
wer wird aus den starken Stücken
Nothung, das Schwert, wohl schweißen?

Noch bevor der Wanderer seine dritte Frage beendet hat, *fährt Mime in höchstem Schreck* auf. Seit Sieglinde ihm den Säugling und die Trümmer des göttlichen Zauberschwerts hinterließ, beschäftigt Mime ebendiese Frage. Wie und warum ihm die einfach anmutende Schwertreparatur seit Jahren konstant misslingt, ist Mime ein Rätsel. Doch eins scheint ihm klar: wenn überhaupt jemand das Schwert reparieren kann, dann der *weiseste Schmied*, also er selbst. Dass Wotan durch einen Zauber dafür gesorgt haben könnte, dass die Schwertreparatur jemand anderem vorbehalten ist, kommt Mime verzeihlich nicht in den Sinn. Um sich das Unerklärliche irgendwie doch zu erklären, führt Mime sein Scheitern mit schlechtem Gewissen darauf zurück, dass er die Schwertstücke vor Siegfried versteckte, statt sie ihm auszuhändigen. Dem Wanderer gegenüber gibt sich Mime ratlos pampig und kontert die unlösbare Frage mit der Gegenfrage: wenn ihm (Mime) die Reparatur nicht gelinge, wie solle er dann wissen, wem dieses *Wunder* vorbehalten sei.

(Mime, kreischend.)
Die Stücken! Das Schwert!
O weh, mir schwindelt!
Was fang' ich an?
Was fällt mir ein?

Verfluchter Stahl! Dass ich dich gestohlen![104]
Er hat mich vernagelt in Pein und Not!
Mir bleibt er hart, ich kann ihn nicht hämmern;
Niet' und Löte lässt mich im Stich!

Der weiseste Schmied weiß sich nicht Rat!

(Mime wirft wie sinnlos sein Gerät durcheinander
und bricht in helle Verzweiflung aus.)

Wer schweißt nun das Schwert, schaff' ich es nicht?
Das Wunder, wie soll ich's wissen![105]

Wie ein irdischer Richter zur Urteilsverkündung ist der Wanderer ruhig aufgestanden. Altväterlich tadelt er Mimes Drang, mit nutzlosen Fragen Weltläufigkeit zu demonstrieren, statt naheliegende Sorgen zu lösen. Dem herablassenden Tadel schickt Wotan eine gehörige Portion Spott über den selbsternannten Drachenbezwinger hinterher. Dann löst er das Rätsel: Nothung kann nur reparieren, wer das Fürchten nicht kennt. Mime starrt den Wanderer an und wendet sich zum Gehen, als könne er seinen Kopf so noch retten. Doch der Lösung der Rätselfrage folgt das Urteil auf dem Fuß: Mimes Kopf ist dem Furchtlosen verfallen, der das Schwert reparieren kann. Damit ist alles Wesentliche geklärt. Nur der von Wotan ausersehene Vollstrecker des Todesurteils (Siegfried) kennt seine Aufgabe noch nicht.

---

[104] Dieses Geständnis geht in der finalen Textfassung – anders als in Wagners ersten Entwürfen, in denen Mime das zerbrochene Schwert tatsächlich unter Bruch fremden Gewahrsams „wegnahm" – in rechtlicher Hinsicht einen Schritt zu weit. Nicht Diebstahl nach § 242 StGB, sondern veruntreuende Unterschlagung nach § 246 Abs. 2 StGB fällt Mime zur Last, da er die ihm von Sieglinde anvertrauten und für Siegfried bestimmten (daher fremden) Bruchstücke des Schwerts heimlich an sich nahm, ohne fremden Gewahrsam zu brechen. Da sich jedenfalls im aktuell geltenden Recht die Strafrahmen von Diebstahl und veruntreuender Unterschlagung decken, ist entgegen der im deutschsprachigen *Ring*-Schrifttum gelegentlich gepflegten Erregung über diesen Fauxpas des Textdichters (bzw. Mimes) der britisch-gelassenen Empfehlung von Roger Scruton, *Ring of Truth*, S. 100 zu folgen, der zu dieser Kontroverse erfrischend pragmatisch notiert: *Should we make anything of it?*

[105] Das ist eine verkappte (und genau genommen verfehlte) Anspielung Mimes auf Loges entschuldigenden Hinweis in *Rheingold* Tz 412–415.

Man darf sich fragen, was es Mime genutzt hätte, hätte er dem Wanderer die dritte Frage gestellt. Was hätte Mime mit der richtigen Antwort anfangen können? Eins steht fest: so ängstlich, wie er nun einmal ist, hätte Mime das Schwert unter der vom Wanderer genannten Vorbedingung (absolute Furchtlosigkeit) keinesfalls reparieren können. Trotzdem hätte ihm die richtige Antwort geholfen – falls der Wanderer nicht die Versuchsbedingungen modifiziert hätte. Etwa hätte Mime die Reparatur Siegfried überlassen können, ohne um seinen Kopf fürchten zu müssen. Wie der Drachenkampf und die darauf folgende Begegnung des Drachentöters mit seinem Anstifter unter solchem Vorzeichen ausgegangen wären, bleibt freilich Spekulation.

(Wanderer.)

Dreimal solltest du fragen,
dreimal stand ich dir frei:
nach eitlen Fernen forschtest du;

doch was zunächst dir sich fand,
was dir nützt, fiel dir nicht ein;
nun ich's errate[106]*, wirst du verrückt:*
gewonnen hab' ich das witzige Haupt!

Jetzt, Fafners kühner Bezwinger, hör', verfall'ner Zwerg!
Nur wer das Fürchten nie erfuhr, schmiedet Nothung neu.

(Mime starrt ihn groß an und wendet sich zum Fortgehen.)

Dein weises Haupt wahre von heut': –
verfallen lass' ich es dem, der das Fürchten nicht gelernt.

Der Wanderer wendet sich lächelnd ab und verschwindet schnell im Wald. Mime ist wie vernichtet auf seinem Schemel zurückgesunken.

---

[106] Nun, da ich es dir verrate.

Das höchste Gut des Menschen ist seine schaffende Kraft, das ist der Quell, dem ewig alles Glück entspringt; und nicht im Erzeugten, im Erzeugen selbst, im Betätigen eurer Kraft liegt Euer wahrer höchster Genuss.[107]

Dritte Szene

Mime starrt *in den sonnig beleuchteten Wald und gerät in heftiges Zittern*. Ihm ist klar, dass er unter der vom Wanderer bezeichneten Vorbedingung für die Schwertreparatur nicht in Frage kommt. Ob Siegfried der Furchtlose ist, von dem der Wanderer sprach, steht für Mime noch nicht fest. In jedem Fall ist Mimes Lage verzwickt: ist Siegfried nicht furchtlos, kann auch er das Schwert nicht reparieren und Fafner nicht töten. Ist Siegfried hingegen furchtlos, kann er zwar das Schwert reparieren und Fafner töten, doch wäre ihm dann Mimes Kopf verfallen. Aus diesem Dilemma gibt es scheinbar nur einen Ausweg: Siegfried darf das Fürchten noch nicht kennen, muss es aber lernen, nachdem er Nothung geschmiedet und Fafner getötet hat. Das in der richtigen Reihenfolge zu arrangieren, ohne Siegfrieds Argwohn zu wecken, ist keine geringe Herausforderung. Ganz so weit ist Mime in seinen Überlegungen noch nicht, als der Wanderer lachend im Wald verschwindet. Nicht, wie man Mime zurufen möchte, dem eigenen Ziehsohn, sondern dem einen halben Tagesmarsch entfernten Drachen gilt Mimes Todesangst. In Panik verschwimmt vor Mimes innerem Auge der sonnige Wald zu wilden Flammen, aus denen in seiner Einbildung mit weit aufgerissenem Rachen der Drache Fafner gegen ihn *hervorbricht*.

(Mime.)
Verfluchtes Licht!
Was flammt dort die Luft?
Was flackert und lackert,
was flimmert und schwirrt,
was schwebt dort und webt
und wabert umher?

Dort glimmert's und glitzt's in der Sonne Glut!
Was säuselt und summt,

[107] Richard Wagner, *Die Revolution* (1849).

und saus't nun gar?
Es brummt und braus't,
und prasselt hierher!
Dort bricht's durch den Wald, will auf mich zu!
(Er bäumt sich vor Entsetzen auf.)
Ein grässlicher Rachen reißt sich mir auf:
der Wurm will mich fangen!
Fafner! Fafner!

Schreiend vor Angst sinkt Mime hinter dem Amboss zusammen. Zeitgleich *bricht Siegfried aus dem Waldgesträuch hervor* und ruft, noch von außen her, ungeduldig nach dem bestellten Schwert. Mime kann Albtraum und Realität noch nicht auseinanderhalten. *Hinter dem Amboss erkundigt er sich mit schwacher Stimme,* ob Siegfried allein (ohne Fafner) kam.

(Siegfried.)
Heda! Du Fauler!
Bist du nun fertig?

(Er tritt in die Höhle...)
Schnell, wie steht's mit dem Schwert?

(... und hält verwundert an.)
Wo steckt der Schmied?
Stahl er sich fort?
Hehe! Mime, du Memme!
Wo bist du? Wo birgst du dich?

(Mime, mit schwacher Stimme.)
Bist du es, Kind?
Kommst du allein?

Siegfried lacht über die Frage und das unbequeme Versteck und erkundigt sich gleich wieder nach dem Schwert. *Höchst verstört und zerstreut* kommt Mime hinter dem Amboss hervor. Die Frage nach dem Schwert erinnert ihn nicht an Nothung, sondern an die Schlussbemerkung des Wanderers. Mime dämmert, dass er, anders als er immer dachte, für die Schwertreparatur nicht in Frage kommt. Furchtlosigkeit war noch nie seine Stärke – was Mime nicht auf übertriebene Furchtsamkeit, sondern auf besondere Klugheit zurückführt.

(Siegfried.)
Hinter dem Amboss?
Sag', was schufest du dort?
Schärftest du mir das Schwert?

(Mime.)
Das Schwert?
Das Schwert?
Wie möcht' ich's schweißen?

(Halb für sich.)
„Nur wer das Fürchten nie erfuhr,
schmiedet Nothung neu."
Zu weise ward ich für solches Werk.

Siegfried kann sich keinen rechten Reim auf Mimes Gebrabbel machen und wird ungehalten. Weiterhin verstört spricht Mime halblaut vor sich hin, was ihm durch den Kopf rast.

(Siegfried.)
Wirst du mir reden?
Soll ich dir raten?

(Mime, weiterhin verstört und zerstreut.)
Wo nähm' ich redlichen Rat?
Mein weises Haupt hab' ich verwettet:
verfallen, verlor ich's an den,
der das Fürchten nicht gelernt!

Siegfried glaubt, Mime weiche ihm gezielt aus und wird heftig.

(Siegfried.)
Sind mir das Flausen?
Willst du mir fliehn?

Allmählich gewinnt Mime seine Fassung zurück. Ganz bei sich ist er aber noch nicht. Mehr zu sich selbst als zu Siegfried – eine entsprechende Regieanweisung Wagners findet sich zugegeben nicht – gewährt Mime Einblick in seine Gedanken. Zunächst beantwortet er in für Siegfried (und heutige Zuhörer) sperriger Diktion Siegfrieds Frage, ob er (Mime) vor Siegfried fliehen wolle. Unter dem Eindruck der Vorbedingung, die das vom Wanderer verkündete Todesurteil trägt, erklärt Mime nachvollziehbar, dass er lieber vor einem Furchtsamen als vor einem Furchtlosen fliehen würde. Weiter fällt Mime in aufkeimender Todesangst auf, dass er versäumt hat, Siegfried das Fürchten beizubringen. Dieser Wunsch ist so verständlich wie das Erziehungsdefizit plausibel. Nach allem, was wir in der ersten Szene hörten, diente Mimes Erziehung vorrangig der mentalen Vorbereitung seines Zöglings auf den Drachenkampf.[108] Ein reflektierter Umgang mit Gefahren stand darum wohl nicht auf Mimes Lehrplan. Siegfrieds Gefahrenblindheit beleuchtet Mimes vielschichtige Rolle im Personentableau der Tetralogie. So eigennützig Mime *das dumme Kind*[109] für den eigenen Plan präpariert, so gelungen fügt sich Mimes Eigennutz in Wotans Pläne und in Wagners Idee, in dem jungen Helden einen furchtlos liebenden Menschen auf die Bühne zu stellen, der in mancher Hinsicht dem „reinen Tor“ Pasifal ähnelt. Weiterhin erkennt Mime, dass er versäumte, in Siegfried Vaterliebe zu wecken. Wäre ihm das gelungen, müsste er jetzt nicht um sein Leben fürchten.[110] Denn auch der Furchtlose tötet nicht, wen er liebt. Schließlich skizziert Mime einen vermeintlichen Ausweg aus seinem Dilemma: könnte er Siegfried das Fürchten beibringen, wäre Mime gerettet. Der Komplikation, dass Siegfried diese Lektion möglichst erst nach bestandenem Drachenkampf erfolgreich absolvieren darf, soll er Fafner furchtlos und siegreich bekämpfen, wird Mime erst später die gebotenen Aufmerksamkeit widmen.[111]

(Mime.)
Wohl flöh' ich dem, der's Fürchten kennt![112]
Doch das ließ ich dem Kinde zu lehren;[113]
ich Dummer vergaß, was einzig gut.

Liebe zu mir sollt' er lernen;
das gelang nun leider faul![114]
Wie bring' ich das Fürchten ihm bei?

Siegfried kann sich auf Mimes sprunghafte Worte keinen Reim machen. Ungehalten packt er den Ziehvater am Kragen. Zu seiner Verteidigung greift Mime instinktiv zu seiner stärksten Waffe – zur

---

[108] Siehe Tz 57–60, 419–421, 1100, 1170–1172.

[109] Siehe Tz 421.

[110] Vgl. dazu die spöttische Sinnparallele in *Rheingold* Tz 762–764.

[111] Nämlich in Tz 600–605, nachdem Siegfried das *Herdfeuer zur hellsten Glut angefacht* hat.

[112] Gerne (lieber) würde ich vor einem Furchtsamen (als vor einem Furchtlosen) fliehen.

[113] Doch das brachte ich dem Kind nicht bei.

[114] Das misslang leider.

Lüge. Einzig um Siegfried besorgt, will er tief darüber nachgedacht haben,[115] wie er ihm etwas Wichtiges beibringen könne. Siegfried missversteht die Finte auf kindlich-naive Weise als Ortsangabe.

(Siegfried.)
He! Muss ich helfen?
Was fegtest du heut'?[116]

(Mime.)
Um dich nur besorgt,
versank ich in Sinnen,
wie ich dich Wichtiges wiese.

(Siegfried lachend.)
Bis unter den Sitz warst du versunken:
was Wichtiges fandest du da?

Sich *immer mehr fassend* kontert Mime selbstironisch mit einem für Siegfried völlig unverständlichen Scherz: er (Mime) habe (soeben von seinem geheimnisvollen Besucher) das Fürchten gelernt, um es Siegfried beizubringen. Siegfrieds verständnislose Antwort bestätigt Mimes stille Sorge: Siegfried kennt das Fürchten nicht.

(Mime.)
Das Fürchten lernt' ich für dich,
dass ich's dich Dummen lehre.

(Siegfried.)
Was ist's mit dem Fürchten?

Um Siegfrieds Neugier zu wecken, behauptet Mime listig, auch das stärkste Schwert werde Siegfried nichts nützen, wenn er das Fürchten nicht kenne. Siegfried misstraut dem obskuren Rat.

(Mime.)
Erfuhrst du's noch nie,
und willst aus dem Wald doch fort in die Welt?
Was frommte das festeste Schwert,
blieb dir das Fürchten fern.

---

[115] Siehe dazu auch *Rheingold* Tz 428f.

[116] Was schufst du heute?

(Siegfried.)
Faulen Rat erfindest du wohl?

Auf Siegfrieds misstrauischen Einwand erweitert Mime seine Lüge frech dahin, Sieglinde habe ihn beauftragt, Siegfried das Fürchten beizubringen. *Siegfried zutraulich nähertretend* beantwortet Mime vorbeugend zugleich die naheliegende Gegenfrage, warum er diesen mütterlichen Auftrag erst jetzt zur Sprache bringt: erst seit Siegfried mit Nothung ausgerüstet in die weite Welt ziehen will, müsse Siegfried das Fürchten lernen, deutet Mime an. Der Trick gelingt; Siegfrieds arglose Neugier ist geweckt.

(Mime.)
Deiner Mutter Rat redet aus mir,
was ich gelobte, muss ich nun lösen:
in die listige Welt dich nicht zu entlassen,
eh' du nicht das Fürchten gelernt.

(Siegfried.)
Ist's eine Kunst, was kenn' ich sie nicht?
Heraus! Was ist's mit dem Fürchten?

Nun folgt auf amüsante Weise der untaugliche Versuch eines Furchtsamen, dem absolut Furchtlosen im Vokabular des krankhaft Furchtsamen zu erklären, was Furcht bedeutet. In seinem untauglichen Versuch greift Mime auf seine noch frischen Eindrücke der soeben erlittenen Furchtattacke zurück.

(Mime, immer belebter.)
Fühltest du nie im finst'ren Wald,
bei Dämmerschein am dunklen Ort,
wenn fern es säuselt, summst und saust,
wildes Brummen näher braust:
wirres Flackern um dich flimmert,
schwellend Schwirren zu Leib' dir schwebt:

(Zitternd.)
Fühltest du dann nicht grieselnd
Grausen die Glieder dir fahen?
Glühender Schauer schüttelt die Glieder,
in der Brust bebend und bang
berstet hämmernd das Herz?

Fühltest du das noch nicht,
das Fürchten blieb dir noch fremd.

Siegfrieds Antwort zeugt von Neugier – und von vollendetem Unverständnis für den Gegenstand der lebhaften Beschreibung. Neben purer Ahnungslosigkeit spricht aus Siegfrieds Worten ein Missverständnis, das später den Drachenkampf einleiten oder zumindest begünstigen wird. Siegfried meint, Furcht sei ein erstrebenswertes positives Empfinden (*Lust*), das durch Unterricht erlernt werden könne.[117]

(Siegfried.)
Sonderlich seltsam muss das sein!
Hart und fest, fühl' ich, steht mir das Herz.
Das Grieseln und Grausen, das Glühen und Schauern,
Hitzen und Schwindeln, Hämmern und Beben: –
gern begehr' ich das Bangen, sehnend verlangt mich der Lust!

Doch wie bringst du, Mime, mir's bei?
Wie wärst du Memme mir Meister?[118]

Mimes Antwort bestätigt und vertieft Siegfrieds Missverständnis. Denn Mime erklärt, Fafner könne Siegfried das Fürchten beibringen, wenn Siegfried ihn zur Drachenhöhle begleite. Während Mime damit in verständigen Ohren eine furchterregende Drachenbegegnung ankündigt, missversteht Siegfried diese Einladung in der Sprache des absolut Furchtlosen als Ankündigung einer akademischen Unterrichtsstunde in der Kunst des Fürchtens.[119]

(Mime.)
Folge mir nur, ich führe dich wohl:
sinnend fand ich es aus.
Ich weiß einen schlimmen Wurm,
der würgt' und schlang schon viel:
Fafner lehrt dich das Fürchten,
folgst du mir zu seinem Nest.

Siegfried ist einverstanden und will gleich ungeduldig wissen, wo der Drache zu finden ist.

[117] Siehe dazu bereits Tz 520f.

[118] Siehe Tz 681–684.

[119] Siehe dazu Tz 520f., 546f., 554, 888, 917f., 1017–1020, 1153f. und *Götterdämmerung* Tz 1110.

(Siegfried.)
Wo liegt er im Nest?

(Mime.)
Neidhöhle wird es genannt:
im Ost, am Ende des Walds.

Siegfrieds Rückfrage auf Mimes Ortsangabe

(Siegfried.)
Dann wär's nicht weit von der Welt?

gibt zu erkennen, dass Siegfried die nähere Umgebung von Mimes Höhle noch nie verlassen und Mime sein profundes Weltwissen nicht einmal bruchstückhaft mit dem Ziehsohn geteilt hat. Das Hauptmotiv für Siegfrieds Rückfrage ist Ungeduld. Siegfried möchte auf dem lange ersehnten Weg in die weite Welt[120] keine Zeit mehr verlieren. Als Mime ihm erklärt, die Welt liege nicht weit von der Drachenhöhle entfernt, ist Siegfried mit dem Drachenbesuch einverstanden: erst will er das Fürchten lernen, dann mit Nothung in die Welt ziehen.

(Mime.)
Bei Neidhöhle liegt sie ganz nah'.

(Siegfried.)
Dahin denn sollst du mich führen:
lernt' ich das Fürchten, dann fort in die Welt!
Drum schnell! Schaffe das Schwert:
in der Welt will ich es schwingen.

Der beiläufige Hinweis Siegfrieds auf Nothung erinnert Mime erschrocken an die überfällige Schwertreparatur. Sein unbedachter Schreckensruf vergrößert das Problem. Erwartungsvoll will Siegfried sehen, was Mime in seiner Abwesenheit gelang.

(Mime.)
Das Schwert?
O Not!

---

[120] Siehe Tz 259–270.

(Siegfried.)
Rasch in die Schmiede!
Weis'[121], *was du schufst!*

Mit einer Erklärung, die seinen Misserfolg elegant auf die Schultern aller Zwerge verteilt, räumt Mime ein, dass er Nothung nicht reparieren kann. Nur die erste Hälfte dieser Erklärung ist wahr, weil Mimes Scheitern, wie er inzwischen weiß, nichts damit zu tun hat, dass er ein Zwerg ist, sondern an einem *zähen Zauber* Wotans liegt. Ohne Siegfried beim Namen zu nennen, deutet Mime geschickt an, wem er mehr Erfolg zutraut.

(Mime.)
Verfluchter Stahl!
Zu flicken versteh' ich ihn nicht:
den zähen Zauber – bezwingt keines Zwergen Kraft.[122]
Wer das Fürchten nicht kennt, der fänd' wohl eher die Kunst.

Siegfried fühlt sich nicht angesprochen, sondern missdeutet Mimes Hinweis als faule Ausrede. Doch ungeduldig, wie er ist,[123] will er nicht länger auf das Schwert und die weite Welt warten.

(Siegfried.)
Feine Finten weiß mir der Faule;
dass er ein Stümper, sollt' er gestehn:
nun lügt er sich listig heraus!

Her mit den Stücken, fort mit dem Stümper!
Des Vaters Stahl fügt sich wohl mir:
ich selbst schweiße das Schwert!

Während sich Siegfried, *Mimes Gerät durcheinander werfend, mit Ungestüm an die Arbeit macht*, nörgelt Mime mürrisch, Siegfried habe sich noch nie für sein Handwerk interessiert. Mime unkt, nun werde Siegfried seine jugendliche Bequemlichkeit bitter bereuen.

---

[121] Zeig' her.

[122] Mit Zwergenkraft komme ich gegen Wotans (zähen) Zauber nicht an.

[123] Zu Siegfrieds Ungeduld siehe auch Tz 1446–1456, 1474–1479, und *Götterdämmerung* Tz 263f., 351–357 und 635–643; siehe allerdings auch: *Siegfried* 960ff. und 1243ff.

(Mime.)
Hättest du fleißig die Kunst gepflegt,
jetzt käm' dir's wahrlich zu gut:
doch lässig warst du stets in der Lehr';
was willst du Rechtes nun rüsten?

Siegfried hält der biederen Elternweisheit ein Credo seines literarischen Schöpfers entgegen: Fortschritt gelingt nicht in braver Nachahmung.[124] Nach dieser klugen Ansage wird Siegfried grob.

(Siegfried.)
Was der Meister nicht kann, vermöcht' es der Knabe,
hätt' er ihm immer gehorcht?
(Er dreht ihm eine Nase.)
Jetzt mach dich fort, misch dich nicht drein:
sonst fällst du mir mit ins Feuer![125]

Siegfried *häuft eine große Menge Kohlen auf den Herd* und schürt die Glut, während er die Schwertstücke in einen Schraubstock spannt und beginnt, sie in Späne zu zerfeilen. Der Anblick der symbolträchtigen Prozedur fällt Mime, der sich etwas abseits niedergesetzt hat und Siegfried bei der Arbeit zusieht, schwer.

(Mime, indem er ihm zusieht.)
Was machst du denn da?
Nimm doch die Löte:[126]
den Brei braut' ich schon längst.

Doch die konventionellen Ratschläge des Altmeisters beirren Siegfried nicht.

(Siegfried.)
Fort mit dem Brei, ich brauch' ihn nicht;
mit Bappe[127] *back' ich kein Schwert!*

---

[124] Vgl. die Sinnparallele in *Walküre* Tz 664–668.

[125] Siehe die Sinnparallelen in Tz 63–65, 254f., 948f.

[126] *Löte* oder *Lot* ist das Material, das beim Löten bis zur Schmelze erhitzt wird, um nach der Abkühlung zwei Werkstücke aus Weichmetall miteinander zu verbinden. Mime meint hier das Material, das beim herkömmlichen Zusammenschweißen zweier Hartmetallstücke an der Reparaturstelle hoch erhitzt wie ein Klebstoff benötigt wird.

[127] Abfällig: schlechter / billiger Klebstoff.

(Mime.)
Du zerfeilst die Feile, zerreibst die Raspel!
Wie willst du den Stahl zerstampfen?

(Siegfried.)
Zersponnen muss ich in Späne ihn[128] *sehn:*
was entzwei ist, zwing' ich mir so.

Während Siegfried *mit großem Eifer fortfeilt*, erkennt Mime die seiner handwerklichen Meisterschaft überlegene Kraft einer furchtlos grundhaften Erneuerung des Bestehenden. Den tieferen Sinn der auf der Bühne mitunter kraftmeiernd wirkenden Schmiedeszene hat Torsten Meiwald in zwei Parallelerzählungen meisterhaft herausgearbeitet:

> *Irgendwann in mythischer Zeit lebt in einer Höhle im Wald ein junger Mann. Die Höhle und der Wald gefallen ihm nicht mehr, und die Gesellschaft, die er dort hat, gefällt ihm am wenigsten. Alles ist ihm zu klein und eng; er will hinausziehen und in der Welt große Taten vollbringen. Die Kraft dazu fühlt er in sich, doch er braucht ein Schwert. Viele hat er probiert, aber keines war passend für ihn. Da endlich entdeckt er eines, von dem er gleich weiß, dass es das Richtige ist. Es ist alt, viel älter als er selbst, und es ist in Stücke zerbrochen. Den Trümmern allein traut er was zu. Damit steht er nicht allein: Auch andere setzen große Hoffnungen in dieses Schwert. Aber selbst dem berühmtesten Fachmann, dem sorglichsten Schmied, ist es trotz vieler Mühen nicht gelungen, die Stücke wieder zusammenzuschweißen. Doch unser junger Held traut nicht nur den Trümmern was zu, sondern auch sich selbst. Er versucht gar nicht erst, die Stücke des alten Schwertes zu flicken. Furchtlos zerfeilt er sie in ihre kleinsten Einzelteile und schmiedet daraus ein ganz neues Schwert, sein Schwert. Mit diesem neuen Schwert zieht er hinaus und vollbringt Taten, die die Welt verändern, und auch nach seinem Tod unvergessen bleiben.*
>
> * * *
>
> *Und es lebt, im berühmten Jahr 1848, in Dresden ein nicht mehr ganz so junger Mann. Die Gesellschaft, in der er dort lebt, gefällt ihm immer weniger. Er fühlt die Kraft zu großen Taten in sich, Taten der Kunst, und er hat schon Proben dieser Kraft gegeben. Doch um sein Bestes zu leisten, das ganz Große, Unerhörte, braucht er einen großen Stoff. Viele hat er erwogen. Da endlich sieht er den richtigen vor sich. Es ist ein alter Stoff, eine uralte Sage, und die Überlieferung ist trümmerhaft. Viele haben große Hoffnungen in diese Trümmer gesetzt und versucht, die alte Sage neu zu fügen, aber selbst berühmten Dichtern ist es trotz großer Mühen nicht gelungen.*

---

[128] Den Stahl.

Doch unser Held der Kunst traut nicht nur den Trümmern was zu, sondern auch sich selbst. Er versucht gar nicht erst, aus der Überlieferung das Alte wieder zu gewinnen. Furchtlos zerlegt er sie in ihre kleinsten Teile und macht daraus etwas ganz Neuen, ein neues Werk, sein Werk. Mit diesem Werk verändert er die Welt, und es sieht heute, über ein Jahrhundert später, nicht danach aus, dass es bald in Vergessenheit geraten könnte.[129]

Jenseits seiner fachlichen Vorbehalte gegen Siegfrieds radikales Zerstörungswerk ahnt Mime, dass dem furchtlosen Anfänger gelingen wird, woran der fachkundige Routinier konstant scheiterte. Das Kernthema der *Meistersinger* liegt in der Luft der Zwergenschmiede.

(Mime, für sich.)
Hier hilft kein Kluger, das seh' ich klar;
hier hilft dem Dummen die Dummheit allein.
Wie er sich rührt, und mächtig regt!
Ihm schwindet der Stahl, doch wird ihm nicht schwül[130]*!*

Mime beobachtet, wie Siegfried das Herdfeuer *zur hellsten Glut anfacht.*

(Mime.)
Nun ward ich so alt wie Höhl' und Wald,
und hab' nicht so 'was gesehn!

Während Siegfried *in ungestümem Eifer fortfährt, die Schwertstücke zu zerfeilen*, setzt sich Mime, Siegfrieds unkonventionelles Vorgehen beobachtend, in größerer Entfernung nieder. Der sich andeutende Reparaturerfolg Siegfrieds erinnert Mime an sein zweites Problem: wie kann er sein Leben retten, ohne Siegfrieds Sieg über Fafner zu gefährden?

(Mime.)
Mit dem Schwert gelingt's; das lern' ich wohl:
furchtlos fegt er's zu ganz.
Der Wand'rer wusst' es gut.

Wie berg' ich nun mein banges Haupt?
Dem kühnen Knaben verfiel's,
lehrt' ihn nicht Fafner die Furcht!

---

[129] Torsten Meiwald, *Randbemerkungen*, S. 80f.
[130] Bange.

Mit wachsender Unruhe springt Mime auf und geht umher. Inzwischen ist ihm aufgegangen, dass es misslich wäre, wenn Siegfried von Fafner das Fürchten lernte. Denn wie könnte Siegfried den Drachen besiegen, wenn er sich vor ihm fürchtet. Darum will Mime darüber nachdenken, wie er den furchtlosen Drachenkämpfer mit eigenen Mitteln bekämpfen kann.

(Mime.)
Doch weh' mir Armen!
Wie würgt' er den Wurm, erführ' er das Fürchten von ihm?
Wie erräng' ich mir den Ring?

Verfluchte Klemme!
Da klebt' ich fest, fänd' ich nicht klugen Rat,
wie den Furchtlosen selbst ich bezwäng'.

Derweil hat Siegfried die Schwertstücke restlos zerfeilt und die Späne in einen Schmelztiegel gefüllt, den er in die Herdglut stellt. Während Siegfried die Glut ohne Unterlass mit dem Blasebalg nährt, soll ihm Mime verraten, wie das Schwert seines Vaters hieß.

(Siegfried.)
He, Mime! Geschwind!
Wie heißt das Schwert, das ich in Späne zersponnen?

Mime fährt erschrocken aus seinen Gedanken hoch und wendet sich zu Siegfried. Sobald er den Schwertnamen nennt,

(Mime.)
Nothung nennt sich das neidliche Schwert:
deine Mutter gab mir die Mär'.

stimmt Siegfried, *fortwährend die Glut mit dem Blasebalg nährend*, das erste seiner beiden Schmiedelieder an, das von Wagner so getaufte *Schmelzlied*. Das kraftbetonte Dröhnen dieses Lieds steht in reizvollem Kontrast zu Siegfrieds kindhaft-vertraulicher Ansprache des werdenden Schwertes. Diese Vertraulichkeit hat einen tieferen Sinn. Anders als sein Vater, der mit einem von fremder Hand geschenkten Schwert scheiterte, schafft Siegfried das eigene Schwert ohne fremde Unterstützung nach einem anderen Verfahren, als sein Lehrmeister Mime ihm das zeigte,[131] von Grund auf neu.

[131] Volker Mertens, *Der Ring*, S. 105 weist darauf hin, dass sich Siegfried nach Wagners Bühnenvorgaben einer hochmodernen Technik der

Selbst den Brennstoff im Schmiedeofen will Siegfried mit eigenen Händen im Wald geschlagen und zu Kohle gebrannt haben. Kein Rohstoff ist dem jugendlichen Schmiedeanfänger dabei zu gut. Die Esche, aus der Siegfried die Kohle für sein Werk gewann, ist laut Wagners Quelltexten sowie im *Ring* der edelste aller Bäume.

(Siegfried.)
Nothung! Nothung!
Neidliches Schwert!
Was musstest du zerspringen?
Zu Spreu nun schuf ich die scharfe Pracht,
im Tiegel brat' ich die Späne.

Hoho! Hoho! Hahei!
Hahei! Hoho!
Blase, Balg!
Blase die Glut!

Wild im Walde wuchs ein Baum,
den hab' ich im Forst gefällt:
die braune Esche brannt' ich zur Kohl';
auf dem Herd nun liegt sie gehäuft.

Hoho! Hoho! Hahei!
Hahei! Hoho!
Blase, Balg!
Blase die Glut!

Des Baumes Kohle, wie brennt sie kühn;
wie glüht sie hell und hehr!
In springenden Funken sprühet sie auf:
hahei, hoho, hahei!
zerschmilzt mir des Stahles Spreu.

Hoho! Hoho! Hahei!
Hahei! Hoho!
Blase, Balg!
Blase die Glut!

Stahlerzeugung bedient: des in Europa ab 1740 von Benjamin Huntsman in Sheffield entwickelten Tiegelverfahrens. Der durch vollständiges Einschmelzen erzeugte Stahl war den damals gebräuchlichen Stahlarten an Härte und Zugfestigkeit deutlich überlegen.

Während Siegfried lautstark den Blasebalg betätigt und das Herdfeuer schürt, schmiedet Mime, in gehöriger Entfernung von Siegfried sitzend, still für sich einen Plan. Er will zur Waffe der Schwachen greifen. Mit einem Gifttrank will er Siegfried nach dem Drachenkampf betäuben. Und den Betäubten will Mime dann mit der eigenen Waffe erschlagen. Der umständlich zweistufige Mordplan – fast möchte man Mime zurufen, Siegfried doch auf einen Schlag zu vergiften – folgt einer ähnlichen Symbolik wie das Todesurteil des Wanderers: Mime will Siegfried mit dem Schwert töten, dem laut dem Urteilsspruch des Wanderers sein eigenes Leben verfallen ist. Stolz auf seine Klugheit feiert Mime, nach und nach belebter werdend und schließlich vergnügt sich die Hände reibend, seine Überlegenheit über den Wanderer.

(Mime, für sich.)
Er schmiedet das Schwert, und Fafner fällt er:
das seh' ich nun deutlich voraus.
Hort und Ring erringt er im Harst[132]*:*
wie erwerb' ich mir den Gewinn?

Mit Witz und List gewinn' ich beides,
und berge heil mein Haupt.

(Siegfried, am Blasebalg.)
Hoho! Hoho! Hoho!
Hahei! Hahei!

(Mime, im Vordergrund für sich.)
Rang er sich müd' mit dem Wurm,
von der Müh' erlab' ihn ein Trunk:
aus würz'gen Säften, die ich gesammelt, brau' ich den Trank für ihn;
wenig Tropfen nur braucht er zu trinken,
sinnlos sinkt er in Schlaf.

Mit der eig'nen Waffe, die er sich gewonnen,
räum' ich ihn leicht aus dem Weg,
erlange mir Ring und Hort.

(Siegfried.)
Nothung! Nothung!
Neidliches Schwert!

---

[132] Kampf.

Nun schmolz deines Stahles Spreu!
Im eig'nen Schweiße schwimmst du nun.

Siegfried gießt den glühend-flüssigen Inhalt des Tiegels, den er in die Herdglut gestellt hatte, in eine Stangenform und hält diese in freudiger Erwartung in die Höhe.

(Siegfried.)
Bald schwing' ich dich als mein Schwert!

(Mime, gleichzeitig.)
Hei, weiser Wandrer!
Dünkt' ich dich dumm?
Wie gefällt dir nun mein feiner Witz?
Fand ich mir wohl Rat und Ruh'?

Vergnügt ob seines rettenden Giftplans springt Mime auf, *holt verschiedene Gefäße hervor, schüttet aus ihnen Gewürz und Kräuter in einen Topf* und stellt diesen, so weit als möglich von Siegfried entfernt, auf den Herd. Derweil stößt Siegfried die mit dem eingeschmolzenen Stahl gefüllte Stangenform in einen Wassereimer: unter Dampf hört man *lautes Gezisch der Kühlung*.

(Siegfried.)
In das Wasser floss ein Feuerfluss:
grimmiger Zorn zischt' ihm da auf!
Wie sehrend er floss,
in des Wassers Flut fließt er nicht mehr.
Starr ward er und steif, herrisch der harte Stahl:
heißes Blut doch fließt ihm bald.

Siegfried stößt die Stangenform wieder in die Herdglut und betätigt wiederum *mächtig* den Blasebalg.

(Siegfried.)
Nun schwitze noch einmal, dass ich dich schweiße!
Nothung, neidliches Schwert!

Aus dem Augenwinkel notiert Siegfried herablassend Mimes geschäftiges Köcheln. Spöttisch kommentiert er das bescheiden anmutende Kochwerk.

(Siegfried.)
Was schafft der Tölpel dort mit dem Topf?
Brenn' ich hier Stahl, braust du dort Sudel?

Schlagfertig pariert Mime den Spott mit einer Portion Selbstironie, die sein Vorhaben geschickt tarnt. Als gescheiterter Schmied will Mime nur noch als Koch taugen.

(Mime.)
Zu Schanden kam ein Schmied;
den Lehrer sein Knabe lehrt:
mit der Kunst nun ist's beim Alten aus,
als Koch dient er dem Kind.
Brennt es das Eisen zu Brei,
aus Eiern braut der Alte ihm Sud.

Siegfried nimmt Mimes Selbstparodie für bare Münze. Während er sein Schmiedewerk und Mime sein Köcheln fortsetzt, feiert Siegfried das zweifache Scheitern seines Ziehvaters – als Schmied und als Lehrmeister im Fürchten. Besonders witzig findet Siegfried, dass es Mime nicht gelungen ist, ihn in der Disziplin zu unterweisen, die Mime am besten beherrscht: im Fürchten. Amüsiert attestiert er Mime universelle Meisterschaft im Versagen.

(Siegfried.)
Mime, der Künstler, lernt jetzt kochen;
das Schmieden schmeckt ihm nicht mehr.[133]
Seine Schwerter alle hab' ich zerschmissen:
was er kocht, ich kost' es ihm nicht!

Das Fürchten zu lernen, will er mich führen;
ein Ferner[134] *soll es mich lehren:*
was am besten er kann, mir bringt er's nicht bei:
als Stümper besteht er in Allem!

Siegfried zieht die Stangenform ein zweites Mal aus der Glut, zerschlägt sie und legt die glühende Schwertklinge zur weiteren Bearbeitung auf dem Amboss zurecht. Unter der martialischen Klangwucht seines zweiten Schmiedeliedes, von Wagner das *Hämmerlied* getauft, hämmert er die Klinge in Form. Wann und mit welcher

[133] Siehe dazu die Anspielung in *Götterdämmerung* Tz 1135.

[134] Siegfried amüsiert, dass Mime den Unterricht im Fürchten einem weit entfernten Lehrer überlassen will.

Wucht Siegfried den Schmiedehammer einsetzt, hat Wagner in der Partitur in drei Stärkestufen detailliert vorgegeben.

(Siegfried.)
Hoho! Hoho! Hahei!
Schmiede, mein Hammer, ein hartes Schwert!
Hoho! Hahei! Hoho! Hahei!

Einst färbte Blut dein falbes Blau;
sein rotes Rieseln rötete dich:
kalt lachtest du da, das Warme lecktest du kühl!

Heiaho! Haha!
Haheiaha!

Nun hat die Glut dich rot geglüht;
deine weiche Härte dem Hammer weicht:
zornig sprühst du mir Funken, dass ich dich Spröden gezähmt.
Heiaho! Heiaho!
Heia-hoho-hohoho!
Hahei! Hahei! Hahei!

Während Siegfried das werdende Schwert lautstark mit dem Hammer bearbeitet, träumt Mime etwas abseits seinen eigenen Plan. Nach einer Weile füllt er den Inhalt seines Kochtopfs behutsam in eine Flasche um.

(Mime, für sich.)
Er schafft sich ein scharfes Schwert,
Fafner zu fällen, der Zwerge Feind;
Ich braut' ein Truggetränk,
Siegfried zu fangen, dem Fafner fiel.
Gelingen muss mir die List;
lachen muss mir der Lohn!

(Siegfried.)
Hoho! Hoho!
Hoho! Hahei!
Schmiede, mein Hammer, ein hartes Schwert!
Hoho! Hahei!
Hoho! Hahei!

Der frohen Funken wie freu' ich mich;
es ziert den Kühnen des Zornes Kraft.

Lustig lachst du mich an,
stellst du auch grimm dich und gram!
Heiaho, haha, haheiaha!

Durch Glut und Hammer glückt' es mir;
mit starken Schlägen streckt' ich dich:
nun schwinde die rote Scham;
werde kalt und hart, wie du kannst!
Heiaho! Heiaho!
Heia-hoho-hohoho!
Heiah!

Siegfried schwingt die in Form gehämmerte Schwertklinge und stößt sie in einen großen Wassereimer. Über das Gezisch lacht er kindlich laut auf. Während Siegfried die fertige Klinge im Griffheft des Schwerts befestigt, *treibt sich Mime mit einer Flasche im Vordergrund umher*. Er sieht sich endlich am Ziel seines lang, zäh und einsam verfolgten Plans. Mit besonderer Vorfreude erfüllt ihn, dass ihm Alberich, der ihn einst wie einen Sklaven traktierte,[135] dank des selbst geschmiedeten Ringes wird dienen müssen.[136] Vor seinem inneren Auge sieht Mime den von allen *verachteten Zwerg* als *König*, als *Fürsten der Alben*[137] und als *Walter des Alls,* vor dessen Nicken sich *die Welt neigt* und vor dessen Zorn alle zittern. Im Vergleich mit dem Bombast dieser Vision nimmt sich Alberichs Vorläufer-Fantasie im *Rheingold*[138] nahezu bescheiden aus. Trotzdem ist eher Mitleid am Platz. Denn aus Mimes lebhafter Hoffnung spricht, wie krankhaft er Anerkennung vermisst – eine Gefühlslage, die ihn mit seinem Bruder verbindet.[139]

(Mime.)
Den der Bruder schuf, den schimmernden Reif,
in den er gezaubert zwingende Kraft,
das helle Gold, das zum Herrscher macht,
ich hab' ihn gewonnen, ich walte sein'!

---

[135] Siehe *Rheingold* Tz 577–607, 628–667, 688–699.

[136] Diese Hoffnung Mimes ist inzwischen rund 40 Jahre alt, siehe *Rheingold* Tz 649–657.

[137] Möglicherweise meint Mime damit an dieser Stelle sämtliche Alben, also sowohl die Nibelungen (*Schwarzalben*) als auch die Götter (*Lichtalben*).

[138] Siehe *Rheingold* Tz 738–751.

[139] Siehe *Rheingold* Tz 722, 739, 742–744, 770–773, 808 und *Siegfried* Tz 879–882.

Alberich selbst, der einst mich band,
zur Zwergenfrohne zwing' ich ihn nun;
als Niblungenfürst fahr' ich darnieder,
gehorchen soll mir alles Heer.

Der verachtete Zwerg, wie wird er geehrt!
Zu dem Horte hin drängt sich Gott und Held.
Vor meinem Nicken neigt sich die Welt;
vor meinem Zorne zittert sie hin![140]

Während sich Mime in abgehobener Fantasie für eine Zukunft begeistert, die er nie erleben wird, vollendet Siegfried mit einem kleinen Hammer und einer Feile in naiver Gradlinigkeit die Tatwaffe, die am kommenden Tag Mimes Leben beenden wird.

(Mime, ab hier im Wechsel mit Siegfried.)
Dann wahrlich müht sich Mime nicht mehr:
ihm schaffen And're den ew'gen Schatz.
Mime, der Kühne, Mime ist König,
Fürst der Alben, Walter des Alls!

Hei! Mime, wie glückte dir das!
Wer hätte wohl das gedacht!

(Siegfried, im Wechsel mit Mime.)
Nothung! Nothung!
Neidliches Schwert!
Jetzt haftest du wieder im Heft.

Warst du entzwei, ich zwang dich zu ganz;
kein Schlag soll nun dich mehr zerschlagen.

Dem sterbenden Vater zersprang der Stahl;
der lebende Sohn schuf ihn neu:
nun lacht ihm sein heller Schein,
seine Schärfe schneidet ihm hart.

Nothung! Nothung!
Neidliches Schwert!
Zum Leben weckt' ich dich wieder.

---

[140] Mimes Hoffnung ist ein Spiegelbild seiner eigenen Knechtschaft unter Alberich, siehe *Rheingold* Tz 577–607, 628–667, 688–699.

Tot lagst du in Trümmern dort,
jetzt leuchtest du trotzig und hehr.

Zeige den Schächern nun deinen Schein!
Schlage den Falschen, fälle den Schelm![141]
Schau, Mime, du Schmied: –
So schneidet Siegfrieds Schwert!

Siegfried holt mit dem fertigen Schwert aus und schlägt damit auf den Amboss, *der von oben bis unten in zwei Stücke zerspaltet und unter großem Gepolter auseinander fällt.*[142] Mime, der sich *in höchster Verzückung auf einen Schemel geschwungen hatte*, fällt *vor Schreck sitzlings zu Boden. Siegfried hält jauchzend das Schwert in die Höhe.* Der Vorhang fällt.

---

[141] Das passt nachher auf Mime, siehe Tz 1053–1057, 1220–1228.

[142] Siehe die Motivumkehrung gegenüber Tz 53f., als Siegfried das von Mime geschmiedete Schwert am Amboss zerschlägt. Eine weitere Umkehrung dieses Motivs erleben wir im dritten Aufzug, wenn Siegfried mit Nothung den Weltenspeer zerschlägt, der in der *Walküre* das Schwert Nothung zerteilte; siehe *Siegfried* Tz 1521–1526 und *Walküre* Tz 956f. Das Vorbild für Siegfrieds effektvolle Schwertprobe fand Wagner in den *Heldenliedern der älteren Edda* (Das Reginnlied, Strophe 14 und Die Edda des Snorri Sturluson, Die Sprache der Dichtkunst, 40. Gesang).

Zweiter Aufzug
(Tiefer Wald)

Erster Fundamentalsatz: An der Gier, an dem rücksichtslosen Verlangen hängt die Sünde, das Leid, der Tod. Wer den Goldring der Nibelungen hat, der hat ihn immer nur zum Unheil und Verderben. Zweiter Fundamentalsatz: Die Götter sind gebunden und regieren nur durch Vertrag. Auch dem Himmel kann gekündigt werden. Wächst der Mensch, so sinken die Götter; der eigentliche Weltenherrscher ist der freie Geist und die Liebe.[143]

Erste Szene

Tief im Wald treffen vor Fafners Höhle zwei Verlierer aufeinander: Wotan und Alberich. Beide verloren den Ring, Alberich verlor überdies seine Macht über die Nibelungen und jede Fähigkeit zur Empathie. Wotan büßte neben dem Ring seine Reputation als verlässlicher Hüter des Rechts, seinen unbedingten Willen zur Macht und drei geliebte Kinder ein.[144] Beide Verlierer hoffen auf Besserung. Alberich will den Ring zurückgewinnen, Wotan die Welt und die Götter vom Ringfluch erlösen.[145] Wenn sich im 96. Takt des Vorspiels der Vorhang öffnet, sehen wir Alberich, der bei tiefer Nacht vor Fafners Höhle Wache hält. Dort wartet er – wie lange schon, erfahren wir ebenso wenig wie die Quelle seiner Information – auf einen Drachentöter. Seitlich an eine Felswand gelehnt, spricht Alberich *in düsterem Brüten* vor sich hin. Plötzlich hat er den Eindruck, dass es vorzeitig tagt.

(Alberich.)
In Wald und Nacht vor Neidhöhl' halt' ich Wacht:
es lauscht mein Ohr, mühvoll lugt mein Aug'.

---

[143] Theodor Fontane, *Brief an Karl Zöllner* vom 13. Juli 1881.

[144] Siegmund, Sieglinde und Brünnhilde.

[145] Von diesem entscheidenden, inzwischen schon etwa 20 Jahre zurückliegenden Sinneswandel Wotans erfahren Ring-Novizen erst im dritten Aufzug des *Siegfried* in Tz 1381–1398 sowie in der *Götterdämmerung* Tz 425–460.

Banger Tag, bebst du schon auf?
Dämmerst du dort durch das Dunkel auf?

Nicht weit von Alberich erhebt sich rechts im Wald ein lokaler Sturmwind, den ein Lichtglanz begleitet, der von weitem wirkt, als renne ein leuchtendes Pferd durch den Wald. Alberichs erster Gedanke gilt dem erhofften Drachentöter. Naht dieser schon?

(Alberich.)
Welcher Glanz glitzert dort auf?
Näher schimmert ein heller Schein:
es rennt wie ein leuchtendes Ross,
bricht durch den Wald brausend daher?

Naht schon des Wurmes Würger?
Ist's schon, der Fafner fällt?

Als sich der Sturmwind legt und der Glanz verlischt, bemerkt Alberich, wie sich im Schatten eine schimmernde Gestalt nähert.

(Alberich.)
Das Licht erlischt – der Glanz barg sich dem Blick:
Nacht ist's wieder.
Wer naht dort schimmernd im Schatten?

Der Wanderer tritt aus dem Wald und hält Alberich gegenüber an. Wotan spricht wie zu sich selbst und als wisse er nicht, wen er vor sich hat.

(Der Wanderer.)
Zur Neidhöhle fuhr ich bei Nacht:
wen gewahr' ich im Dunkel dort?

Als plötzlich Mondschein auf die Gestalt des Wanderers fällt, fährt Alberich erschrocken zurück. In *höchster Wut,* die so frisch wirkt wie vor vierzig Jahren,[146] fährt er Wotan an.

(Alberich.)
Du selbst lässt dich hier seh'n?
Was willst du hier?
Fort, aus dem Weg!
Von dannen, schamloser Dieb!

[146] Etwa so lange liegt der Raubzug der Götter in Nibelheim zurück.

Betont ruhig und so freundlich, als habe er unerwartet einen alten Freund getroffen, begrüßt Wotan seinen ärgsten Widersacher.

(Wanderer.)
Schwarzalberich, schweifst du hier?
Hütest du Fafners Haus?

Der Gruß des auf seinem göttlichen Flugpferd Angereisten an den in nächtlicher Finsternis lauernden Fußgänger[147] ist blanker Spott. Alberich *schweift* zu nächtlicher Stunde vor Fafners Höhle nur, weil Wotan ihm vor vierzig Jahren den Ring raubte. Ebenso gut weiß Wotan, dass Alberich nicht zum *Hüten* der Drachenhöhle zu Mute ist. Wenn er nur könnte, würde Alberich den Drachen auf der Stelle erschlagen. Zornig verbittet er sich jede Einmischung in ein Geschäft, das er als ureigene Angelegenheit empfindet.

(Alberich.)
Jagst du auf neue Neidtat umher?
Weile nicht hier, weiche von hinnen!
Genug des Truges tränkte die Stätte mit Not;[148]
drum, du Frecher, lass' sie jetzt frei![149]

Provokant gelassen erklärt Wotan, er sei nur als Zuschauer und nicht als Mitbewerber um den Ring gekommen.

(Wanderer.)
Zu schauen kam ich, nicht zu schaffen:
wer wehrte mir Wand'rers Fahrt?

---

[147] Vgl. die misstrauische Frage Hundings an Siegmund in *Walküre* Tz 66–68.

[148] Alberichs Ortsangabe (*die Stätte* = diesen Ort) klingt fehlerhaft. Denn vor Fafners entlegener Höhle, an der Wotan und Alberich aufeinandertreffen, ist bis dahin noch nichts geschehen, was den Ort *mit Not tränken* könnte, wie Alberich sich ausdrückt. Was wie eine Ortsangabe klingt, dürfte als kausaler Hinweis auf den göttlichen Raubüberfall in der zweiten Szene des *Rheingold* zu lesen sein, der ganz woanders, nämlich in den unterirdischen Tiefen Nibelheims (der Heimat der Zwerge/Nibelungen) stattfand. Ohne diesen Raubüberfall wären jetzt weder der Ring noch der Drache Fafner, Alberich oder Wotan vor Ort. So gesehen stimmt die textliche Ortsangabe zwar nicht geographisch, aber anderswie.

[149] Darum, du Frecher, verschwinde!

Alberich lacht höhnisch[150] auf. Nochmals will er sich nicht von Wotan übertölpeln lassen. In seinem Zorn gönnt er Wotan größere Ganovenehre, als diesem gebührt. Die entscheidende Täuschung Alberichs war nicht Wotans Leistung, sondern ein Bubenstück Loges, das Wotan erst auf mahnenden Zuruf verstand.[151] Der frische Zorn des Beraubten über den nach heutigen Rechtsmaßstäben *zwiefach*[152] verjährten Raub mündet in einen Rückblick auf das Geschehen im *Rheingold*. Wäre er noch so dumm wie damals, räumt Alberich zähneknirschend ein, könnte man ihm den Ring leicht nochmals rauben. Mit Genugtuung und im Kern ganz richtig fährt Alberich fort, dass Wotan die Burg Walhall seinerzeit mit Raubgold und einem Teil seiner göttlichen Freiheit bezahlte. Wotans Vertrag mit den Riesen hindert ihn heute daran, Fafner den Ring abzunehmen. Denn ein göttlicher Raubüberfall auf den Vertragspartner würde die Grundlage von Wotans Macht zerstören – den übereinstimmenden Glauben aller Untertanen an die Bereitschaft der Götter, eigene Verträge einzuhalten und fremde Verträge zu schützen.[153]

(Alberich.)

Du Rat wütender Ränke!
Wär' ich dir zu Lieb doch noch dumm wie damals,
als du mich Blöden bandest:
wie leicht geriet es, den Ring mir nochmals zu rauben?[154]

Hab' Acht! Deine Kunst kenne ich wohl;
doch wo du schwach bist, blieb mir auch nicht verschwiegen:
mit meinen Schätzen zahltest du Schulden;
mein Ring lohnte der Riesen Müh', die deine Burg dir gebaut.

---

150 Wagners originale Regievorgabe lautet: *tückisch*.

151 Siehe *Rheingold* Tz 805–820.

152 So Wotans Ausdrucksweise in *Walküre* Tz 1335. Der göttliche Raubüberfall – genau genommen handelt es sich hinsichtlich des vom gefesselten Alberich mit Unterstützung der Nibelungen herausgegebenen *Hortes* um eine räuberische Erpressung (§§ 253, 255 StGB) und nur hinsichtlich des Alberich von Wotan *mit heftiger Gewalt* entrissenen Rings (tateinheitlich, § 52 StGB) um schweren Raub (§§ 249, 250 Abs. 1 Nr. 1b StGB) – liegt rund 40 Jahre zurück. Die Verjährungsfrist für den göttlichen Raub beträgt nach aktueller Rechtslage (§ 78 Abs. 3 Nr. 2 StGB) zwanzig Jahre.

153 Siehe Wotans eigene Beschreibung der göttlichen Aufgaben in Tz 352–364.

154 Wie leicht wäre es, mir den Ring nochmals zu rauben, wäre ich heute noch so gutgläubig wie damals.

Was mit den Trotz'gen einst du vertragen,
dess' Runen wahrt noch heut' deines Speeres herrischer Schaft:[155]
nicht du darfst, was als Zoll du gezahlt, den Riesen wieder entreißen;
du selbst zerspelltest deines Speeres Schaft;
in deiner Hand der herrische Stab, der starke, zerstiebte wie Spreu!

Alberichs Analyse der Weltlage deckt sich weitgehend mit Wotans eigener Wahrnehmung der Grenzen seiner Macht.[156] Trotzdem oder gerade deshalb kontert Wotan die zutreffende Wiedergabe der globalen Machtbalance mit einer Drohung: was Alberich anbetrifft, fühlt sich Wotan mit seinem Speer in der Hand so stark wie zu seinen besten Zeiten. Denn mit Alberich verbindet ihn kein lästiger Vertrag.

(Wanderer.)
Durch Vertrages Treue-Runen
band er[157] *dich Bösen mir nicht:*
dich beugt er mir durch seine Kraft:
zum Krieg drum wahr' ich ihn wohl.

Aufmerksam hört Alberich aus Wotans verbal rasselnder Kriegsbereitschaft eine gewisse Bangigkeit heraus. Ob sich Wotan mit seinen starken Worten eher selbst beruhigen oder Alberich beeindrucken wollte, ficht Alberich nicht an. Alberichs Aufmerksamkeit gilt nicht der abstrakten Betrachtung von weltpolitischen Machtfragen, sondern einzig und ganz pragmatisch dem künftigen Verbleib des Rings. Dass Fafner einem nahen Tod geweiht ist, steht für Alberich außer Frage. Darum beschäftigt ihn, wer den Ring nach Fafners Tod erhält.[158] Und was das betrifft, droht Alberich unverändert mit Wotans größter Sorge: sobald er den Ring zurückbekommt, will Alberich erst Walhall und dann die ganze Welt erobern.[159]

(Alberich.)
Wie stark du dräu'st in trotziger Stärke,
und wie dir's im Busen doch bangt!

---

[155] Die Runen, die dein Speer bis heute trägt, verbieten dir, den einst mit den Riesen geschlossenen Vertrag zu brechen.

[156] Siehe *Walküre* Tz 643–650.

[157] Wotans Weltenspeer, der von Alberich so bezeichnete *herrische Stab*.

[158] Was Alberich hierüber wohl denkt, werden wir in der *Götterdämmerung* in Tz 594–597 aus dem Mund von Hagens Traumbild seines Vaters Alberich erfahren.

[159] Siehe dazu bereits *Rheingold* Tz 732–751.

Verfallen dem Tod durch meinen Fluch ist des Hortes Hüter:
wer wird ihn beerben?
Wird der neidliche Hort dem Niblungen[160] *wieder gehören?*
Das sehrt dich mit ew'ger Sorge!

Denn fass' ich ihn wieder einst in der Faust,
anders als dumme Riesen üb' ich des Ringes Kraft:
dann zitt're der Helden ewiger Hüter[161]*!*
Walhalls Höhen stürm' ich mit Hellas Heer:[162]
der Welt walte dann ich.

Bis zu diesem Punkt zeichnet der Dialog nur akkurat die seit dem göttlichen Raubüberfall in Nibelheim labile Machtbalance zwischen Wotan und Alberich nach. In diesem Stil könnten die Kontrahenten das Gespräch noch eine Weile fortsetzen, ohne relevante Neuigkeiten auszutauschen. Doch nun verlässt das Gespräch die eingefahrenen Gleise. Wotan erklärt zu Alberichs Verblüffung, dass ihm der Welteroberungsplan seines Widersachers keine Sorge mehr bereite. Den Ring könne haben, wer ihn bekommt. Die Quelle dieser überraschenden Gelassenheit behält Wotan für sich. Wie er nachher Erda anvertrauen wird, setzt Wotan darauf, dass Siegfried ohne sein (weiteres) Zutun den Ring erobern und Brünnhilde die Welt vom Ringfluch erlösen wird.[163]

(Wanderer.)
Deinen Sinn kenn' ich wohl, doch sorgt er mich nicht.
Des Ringes waltet, wer ihn gewinnt.

Alberich misstraut dem Waffenstillstand. Personen, die wie Götter auftreten oder sich gar für Götter halten, sind ihm suspekt.[164] Auch hat Alberich konkreten Anlass, Wotan zu misstrauen. Er kennt – woher auch immer – den Wälsungen-Plan, den Wotan auf der Bühne allein Fricka und Brünnhilde anvertraute.[165] Daher weiß Alberich, dass Wotan nicht mehr mit eigenen Händen um den Ring

---

[160] Alberich selbst.

[161] Wotan.

[162] Mit dem Heer der Hölle, also den Nibelungen.

[163] Siehe Tz 1381–1398.

[164] Siehe *Rheingold* Tz 708f. Ähnlich kritisch stehen die Rheintöchter zu den Göttern; siehe *Rheingold* Tz 1184f.

[165] Siehe *Walküre* Tz 478–483, 651–668, 1410–1434.

kämpft, sondern *Heldensöhne*[166] für ihn erledigen sollen, was ihm selbst verboten ist oder scheint – Fafner zu töten und den Ring abzunehmen.[167]

(Alberich.)
Wie dunkel sprichst du,
was ich deutlich doch weiß!

An Heldensöhne hält sich dein Trotz,
die traut deinem Blute entblüht.
Pflegtest du wohl eines Knaben,[168]
der klug[169] *die Frucht dir pflücke,*
die du nicht brechen darfst?

Bei alledem im Nebel bleibt, ob Alberich an dieser Stelle (schon) bekannt ist, dass Wotan den Ring nicht mehr erobern (lassen) will, um ihn selbst zu behalten und zu benutzen, sondern erlösend in den Rhein zurückgeben (lassen) möchte. Seit sein *großer Gedanke*[170] zwischen dem *Rheingold* und der *Walküre* zum Wälsungen-Plan reifte, ist dies Wotans Ziel. Dieser Sinneswandel ist weniger selbst-

[166] Der Begriff *Heldensöhne* enthält eine gehörige Portion Spott. Wie Alberich wissen dürfte, da ihm sogar die weithin verschwiegenen Pläne seines Widersachers bekannt sind, hat Wotan seinen einzigen *Heldensohn* (Siegmund) auf Frickas Drängen durch Hunding töten lassen. Der inzwischen neu in Frage kommende *Heldensohn* (Siegfried) ist kein Sohn, sondern ein Enkel Wotans, der weder seinen Großvater noch den Gegenstand von Alberichs Gier, den Ring, kennt.

[167] Siehe *Walküre* Tz 478–483, 651–668 und *Götterdämmerung* Tz 1376–1379.

[168] Den Namen des *Knaben* nennt Alberich nicht. So lässt der Text offen, ob Alberich auf Siegmund oder auf Siegfried anspielt. Beide Lesarten hinterlassen Fragen. So ist kaum anzunehmen, dass Alberich in den vergangenen zwanzig Jahren nicht von Wotans spektakulärer Mitwirkung an der Hinrichtung des eigenen Sohnes und damals einzigen Hoffnungsträgers Siegmund erfahren haben soll. Andererseits gibt es nur einen *Knaben*, den Wotan eigenhändig *pflegte,* nämlich Siegmund. Siegfrieds *Pflege* überließ Wotan hingegen dem Bruder seines Widersachers: Mime. Die doppelte Unschärfe des Ausdrucks hat der Textdichter womöglich absichtlich gewählt. Sie signalisiert eine kalte Gleichgültigkeit Alberichs gegenüber der Individualität seiner Gegner.

[169] Dieses spöttische Kompliment dürfte Wotans Wälsungen-Plan gelten, wonach Wotan die ihm verbotene Beraubung des Vertragspartners in leicht zu durchschauender Weise an einen ahnungslosen Helden delegieren will; *Walküre* Tz 478–483, 651–668, 1410–1434.

[170] Siehe *Rheingold*, Regieanweisung nach Tz 1150.

verständlich, als viele Ring-Kenner meinen. Denn an keinem der vier Ring-Abende gelingt Wotan auf offener Bühne ein klares Bekenntnis zu seiner neuerworbenen Rückgabeabsicht. Im Streitgespräch mit Fricka ebenso wie in seinem bekenntnishaften Monolog vor Brünnhilde sprach Wotan in der *Walküre* zwar von einem freien Helden, der erledigen solle, was den Göttern verboten erscheint.[171] Doch beide Male vermied Wotan ein klares Wort dazu, was nach Fafners Tod mit dem Ring geschehen soll. Zwar der Zusammenhang seiner Pläne, nicht aber das Gesagte sprechen dafür, dass Wotan den Ring in den Rhein zurückgeben will. Diese bemerkenswerte Erklärungsscheu zieht sich wie ein roter Faden durch die vier Abende der Tetralogie. Im *Rheingold* deutete Wotan seinen *großen Gedanken* nur wortlos durch eine Geste an.[172] In der *Walküre* sprach er gegenüber Fricka und Brünnhilde nur von *der Tat,* ohne sich festzulegen, ob darunter nur Fafners Ermordung oder auch eine Rückgabe des Rings an die Rheintöchter zu verstehen sei.[173] Ebenso wird Wotan eine klare Ansage zum künftigen Verbleib des Rings ausfallen lassen, wenn er Erda nachher zurufen wird, *was Wotan will.*[174] Gegenüber Erda verbrämt Wotan die mit seinem Ego offenbar nur schwer zu vereinbarende Rückgabe der eigenen Raubbeute in den Fluss[175] nebulös als *erlösende Weltentat.* Von Wotans geläutertem Ziel auf der Bühne im Klartext zu berichten, bleibt einer Walküre vorbehalten. Waltraute wird (erst) in der *Götterdämmerung* und bezeichnenderweise nur vom Hörensagen berichten, was Wotan inzwischen will. Als sie sich im Kreis ihrer Schwestern, die in *endloser Angst* Wotans Knie umwinden, *weinend an seine Brust presst,* wird Wotan ihr *seufzend* und mit *geschlossenem Auge wie im Traume zuraunen*: *„des tiefen Rheines Töchtern gäbe den Ring sie* (Brünnhilde) *wieder zurück, von des Fluches Last erlöst wär' Gott und Welt!"*[176] Dass Waltraute auf das selbst im Kreis der nächsten Angehörigen exklusiv allein für ihre Ohren bestimmte Bekenntnis unverzüglich *in heimlicher Hast* zu Brünnhilde aufbrechen wird, um ihr die Rückgabe des Rings in den Rhein nahezulegen, lässt nur einen Schluss zu: Wotan hat es auch abseits der Bühne niemals über sich gebracht, wenigsten seinen allernächsten Angehörigen mitzuteilen, dass er den Ring in den Rhein zurückge-

[171] Siehe *Walküre* Tz 478–483 und 651–663.

[172] Siehe *Rheingold*, Regieanweisung nach Tz 1150.

[173] Siehe *Walküre* Tz 478–483 und 643–657.

[174] Siehe Tz 1381–1402.

[175] Siehe *Rheingold* Tz 294, 986 und 997.

[176] Siehe *Götterdämmerung* Tz 454–460.

ben möchte. Darum liegt nahe, dass Alberich an dieser Stelle Wotans neue Bescheidenheit ebenfalls noch nicht kennt. Auch in anderer Hinsicht genießt Wotan gegenüber seinem Gesprächspartner einen entscheidenden Wissensvorsprung. Anders als Alberich soeben meinte, setzt Wotan nicht lediglich vage Hoffnungen auf Heldensöhne. Wotan wiegt sich hier und jetzt in solider Zuversicht, längst alles getan zu haben, was getan werden musste, damit Siegfried den Ring ohne sein weiteres Zutun erobern und mit Brünnhildes Assistenz die Welt vom Ringfluch erlösen kann. Nur ein Punkt markiert die Grenze von Wotans neuer Gelassenheit: in Alberichs Hände will er den Ring unverändert nicht fallen lassen.[177]

Eine Kostprobe seiner selbstempfundenen Überlegenheit gönnt Wotan seinem ärgsten Widersacher nun im Gewand einer vergnüglichen „Drachenprobe“. Vorab hören wir von Wotan eine Erklärung, von der schwer zu sagen ist, ob es sich um eine glatte Lüge oder um die blanke Wahrheit handelt: Wotan behauptet, einzig Mime sei Alberichs Rivale im Wettstreit um den Ring;[178] Mime wolle den Drachen durch Siegfried töten lassen, um den Ring zu erobern. Er selbst, erklärt Wotan seinem verblüfften Zuhörer, wolle sich aus diesem Wettstreit heraushalten. Fraglos wahr an dieser Erklärung ist, dass neben Alberich aktuell allein Mime den Ring begehrt. Falsch ist Wotans Erklärung insoweit, als er im Hintergrund dafür gesorgt hat, dass Siegfried den beiden Nibelungen mit dem einzig drachentauglichen Schwert zuvorkommen wird.

(Wanderer.)
Mit mir nicht, had're mit Mime;
dein Bruder bringt dir Gefahr:
einen Knaben führt er daher, der Fafner ihm fällen soll.

Nichts weiß der[179] *von mir, der Niblung*[180] *nützt ihn für sich.*
Drum sag' ich dir, Gesell:
tue frei, wie dir's frommt!

---

[177] Siehe *Rheingold* Tz 752, *Walküre* Tz 478–483, 637–642f., *Siegfried* Tz 1381–1398 und *Götterdämmerung* Tz 454–460.

[178] Beachte die motivische Spiegelung dieser Aussage gegenüber *Rheingold* Tz 1103f. Dort hetzte Loge den verliebten Schöngeist Fasolt gegen dessen gewalttätigen und gierigen Bruder Fafner auf.

[179] Siegfried.

[180] Mime. In der Bezeichnung *Niblung* steckt eine gehörige Portion Spott. Denn Alberich ist ebenso ein Nibelung.

(Alberich macht eine Gebärde heftiger Neugierde.)

Höre mich wohl, sei auf der Hut!
Nicht kennt der Knabe den Ring;[181]
doch Mime kundet' ihn aus.[182]

Ebenso ungläubig wie aufkeimend gierig will sich Alberich durch Rückfrage vergewissern, ob Wotan den Hort (und vor allem den Ring) tatsächlich nicht mehr haben will. Was sich Alberich von seiner Frage verspricht, obwohl er Wotan nicht über den Weg traut, wüsste man gerne. Traut er sich zu, eine aufrichtige Antwort des virtuosen Schwindlers Wotan von einer Lüge zu unterscheiden?

(Alberich, heftig.)
Deine Hand hieltest du vom Hort[183]*?*

Wotans Antwort ist ein Signal erheblicher Verlegenheit. Will Wotan bei der Wahrheit bleiben, kann er die gestellte Frage nicht glatt bejahen. Denn wer den Ring nach Fafners Tod erhält, ist ihm alles andere als gleichgültig. Darum hat er dafür gesorgt, dass Fafner einzig mit dem Schwert getötet werden kann, das – ebenfalls durch sein Zutun – einzig Siegfried reparieren konnte. Das will Wotan seinem ärgsten Widersacher nicht auf die Nase binden. Andererseits will Wotan seine wahren Ziele auch nicht feige verleugnen.[184] So weicht er aus und verschleiert sein Ziel mit einem wohlklingen-

---

[181] Das stimmt: vom Ring und dessen Machtpotential wird Siegfried erst vom Waldvogel erfahren, siehe Tz 1072 sowie *Götterdämmerung* Tz 1217f.

[182] Dieser Halbsatz gibt auf den ersten Blick keinen rechten Sinn. Denn Mime forschte Siegfried – zumal hinsichtlich des dem jungen Helden noch unbekannten Rings – nicht aus. Vermutlich möchte Wotan mit seinen Worten zum Ausdruck bringen, dass Mime den jungen Helden zum eigenen Vorteil dazu bewegen möchte, den Drachen Fafner zu töten. In diesem Sinne lautet die betreffende Passage denn auch im großen *Prosaentwurf Der junge Siegfried* von 1851: *Der Wanderer: Dein eigner Bruder, Mime, führt heut' noch einen Knaben daher, der ihm Fafner erlegen soll: nichts weiß er von mir, ein Nibelung selbst will für sich ihn nützen.*

[183] Wie sich aus dem Zusammenhang ergibt, geht es Alberich (entgegen seiner Wortwahl) nicht um den nutzlosen Goldschatz *(Hort)*, sondern um den Ring, dessen Rückgewinn seit rund 40 Jahren Tag und Nacht sein Tun und Denken beherrscht (siehe *Götterdämmerung*, Tz 569f.).

[184] Wotans zur Schau getragener Stolz spricht aus Tz 798–801; sein Drang, auch in unangenehmen Lagen die eigenen Ziele nicht (immer) zu verleugnen, war in *Rheingold* Tz 1034–1043 zu beobachten.

den Credo: wen er liebt, will Wotan in Freiheit gewähren lassen. Dieses Credo verbindet auf elegante Weise Wotans Menschenbild mit seiner Hoffnung, dass Siegfried im Unterschied zu Siegmund das Zeug zu einem in Freiheit agierenden Weltenretter haben möge. An wen Wotan in diesem Zusammenhang denkt, souffliert das Orchester.

(Wanderer.)
Wen ich liebe, lass' ich für sich gewähren:
er steh' oder fall', sein Herr[185] *ist er;*
Helden[186] *nur können mir frommen.*

Als wäre ein exklusiver und nach dem Vorbild der Riesen womöglich tödlicher brüderlicher Wettstreit um den Ring[187] ein Glücksfall, sinniert Alberich im Konjunktiv:

(Alberich.)
Mit Mime räng' ich allein um den Ring?

Diesmal ist Wotan um eine klare Antwort nicht verlegen. Sie fällt aus den eben dargelegten Gründen ebenso zutreffend wie irreführend aus.[188]

(Wanderer.)
Außer dir begehrt er einzig das Gold.

Wotans scheinbar unerschütterliche Gelassenheit irritiert Alberich. Denn Alberich ist zuversichtlich, dass er einen exklusiven Wettstreit gegen Mime gewinnen würde. Auch geht Alberich (wir dürfen annehmen zutreffend) davon aus, dass Wotan die brüderlichen Kräfteverhältnisse identisch beurteilt. Dann aber müsste Wotan jetzt in höchstem Maße beunruhigt sein. Denn dass Alberich den Ring skrupellos einsetzen würde, um Walhall und die ganze Welt zu erobern, hat er seinem Widersacher eben erst frisch bestätigt.[189] Alberich vermutet daher ganz richtig, dass Wotans Gelassenheit

---

185 Sein eigener Herr.

186 Selbstbestimmt handelnde freie Menschen.

187 Siehe das „historische" Vorbild in *Rheingold* Tz 1092–1112.

188 Wotans Antwort trifft insofern zu, als tatsächlich allein Mime und Alberich den Ring für sich haben wollen. Zugleich irreführend ist Wotans Antwort allerdings, weil dieser im Verborgenen längst alles dafür getan hat, dass Siegfried den Ring bekommen wird.

189 Nämlich in Tz 808–812.

einen Grund hat, den er noch nicht kennt. Auf diesen schwarzen Fleck zielt seine ratlose Frage:

(Alberich.)
Und dennoch gewänn' ich ihn nicht?

Wotan kontert die Frage *ruhig näher tretend* mit einem an Banalität schwer zu übertreffenden Orakelspruch: den Ring bekommt, wer am schnellsten zugreift (*Wer ihn rafft, hat ihn gewonnen*). Bevor Alberich weitere Fragen stellen kann, lässt Wotan seinem Orakelspruch einen göttlichen Schabernack folgen. Zuversichtlich, wie sein Scherz in der gegebenen Versuchsanordnung einzig ausgehen kann und tatsächlich denn auch ausgehen wird, lässt Wotan den Schöpfer des Rings und Urheber des Ringfluchs (Alberich) in fluchgerechter Ring-Gier[190] gegen den aktuellen Ring-Besitzer (Fafner) antreten. Da Wotan den Ringfluch kennt und dessen Wirkung in eigener Person erfahren hat,[191] kann sich Wotan darauf verlassen: Fafner wird den Ring selbst unter Todesdrohung nicht an Alberich herausgeben. Um den für ihn amüsanten und für die beiden Kombattanten entlarvenden Charaktertest in Gang zu setzen, weckt Wotan Fafner auf und erklärt ihm, Alberich werde ihm (Fafner) das Leben retten, wenn er den Hort an Alberich herausgebe.

(Wanderer.)
Ein Helde naht, den Hort zu befrein;
zwei Niblungen geizen das Gold;[192]
Fafner fällt, der den Ring bewacht:
wer ihn[193] *rafft, hat ihn gewonnen.*

Willst du noch mehr?
Dort liegt der Wurm:
warnst du ihn vor dem Tod,
willig wohl ließ' er den Tand;
ich selber weck' ihn dir auf.

(Wotan wendet sich nach hinten.)

Fafner! Fafner!
Erwache, Wurm!

---

[190] Siehe *Rheingold* Tz 936–950.

[191] Siehe *Rheingold* Tz 927f., 1033, 1037–1047, 1056f.

[192] Du und Mime, ihr giert nach dem Ring.

[193] Den Ring.

Alberich mag nicht glauben, was er sieht und hört. Gönnt ihm Wotan tatsächlich den Ring?

(Alberich, in gespanntem Erstaunen für sich.)
Was beginnt der Wilde?
Gönnt er mir's wirklich?

Aus der finsteren Tiefe des Hintergrunds hört man Fafners Stimme.

(Fafner.)
Wer stört mir den Schlaf?

Wotan erklärt, dass Fafner in Lebensgefahr schwebe und ihn jemand warnen wolle. Fafner könne sein Leben retten, wenn er dem Warner den Hort überlasse.

(Wanderer.)
Gekommen ist einer, Not dir zu künden;
er lohnt dir's mit dem Leben,
lohnst du das Leben ihm mit dem Horte, den du hütest.

Träge erkundigt sich Fafner, worum es geht.

(Fafner.)
Was will er?

Bevor Wotan die Frage beantworten kann, übernimmt Alberich, der neben Wotan getreten ist, eilfertig das Wort und warnt Fafner vor Siegfried.

(Alberich.)
Wache, Fafner!
Wache, du Wurm!
Ein starker Helde naht:
dich Heil'gen will er bestehn.[194]

Fafners Antwort spricht dafür, dass seine Drachengestalt auch seine leiblichen Präferenzen prägt.

(Fafner.)
Mich hungert sein'.

---

[194] Besiegen / töten.

Was nun folgt, ist im *Ring* singulär: Wotan und Alberich ziehen – zumindest dem äußeren Erscheinungsbild nach – am gleichen Strang. Beide legen jeweils ein Argument nach. Wotan warnt Fafner zutreffend vor Siegfrieds Kraft und vor Nothungs Schärfe.

(Wanderer.)
Kühn ist des Kindes Kraft,
scharf schneidet sein Schwert.

Alberich hingegen meint, mit der Wahrheit nicht auszukommen. Er meldet Fafner, der nahende Held wolle allein den Ring haben, den Hort könne Fafner getrost behalten. Das ist eine klare Zwecklüge. Denn ob Siegfried nur den Ring oder den ganzen Hort haben will, kann Alberich nicht wissen, weil Siegfried vom Ring und vom Hort noch gar nichts weiß.[195] In dieser Hinsicht lügt Alberich übrigens selbst dann, falls er Wotans Behauptung misstrauen sollte, wonach Siegfried den Ring noch nicht kennt. Denn selbst, wenn das gelogen wäre, hätte Alberich nicht den geringsten Anhaltspunkt für seine gegenteilige (und objektiv unzutreffende) Behauptung, wonach Siegfried einzig und allein den Ring haben wolle. Das Motiv für Alberichs Zwecklüge liegt auf der Hand: Alberich interessiert nur der Ring. Und er hofft, dass Fafner ein freiwilliger Verzicht auf den Ring leichter fallen werde, wenn dieser glaubt, den Hort behalten zu können. Nicht viel besser als der erste Teil ist der zweite Teil von Alberichs Aussage zu bewerten. Dass es Alberich, wie er Fafner verspricht, mit dem Ring in der Hand gelingen könnte, Streit dauerhaft von Fafner fernzuhalten, so dass dieser mit dem Hort *ruhig lang leben könnte*, wird schwerlich Alberichs aufrichtigem Kalkül entsprechen. Wie Alberich vorhin Wotan erklärte, würde er offenen Streit auch mit dem Ring in der Hand nur mithilfe der Nibelungen (*Hellas Heer*) führen können.[196] Der nüchterne Realist Alberich wird kaum überzeugt sein, Fafner könne mit seiner Hilfe einen Krieg der Nibelungen gegen die Götter ungeschoren *ruhig und lang* verschlafen. Alberichs Angebot an Fafner

(Alberich.)
Den goldnen Reif geizt er allein:
lass mir den Ring zum Lohn, so wend' ich den Streit;
du wahrest den Hort, und ruhig lebst du lang.

[195] Siehe Tz 829.
[196] Siehe Tz 808–812.

ist darum eine Mogelpackung. Nicht etwa, weil er Alberichs Schwindelei durchschaut hätte, sondern allein in der Bequemlichkeit eines Begüterten, der nach eigenem Empfinden rundum ausgesorgt hat, lehnt Fafner das Angebot gähnend ab.

(Fafner, gähnt.)
Ich lieg' und besitz':
lasst mich schlafen!

Laut auflachend freut sich Wotan, dass sein Scherz gelungen ist: der Urheber des Ringfluchs übersah in seiner Gier nach dem Ring fluchgerecht, dass der Ringbesitzer den Ring selbst unter Todesdrohung nicht herausgeben kann.[197] Bestens aufgelegt verabschiedet sich Wotan von Alberich – für immer – mit zwei guten Ratschlägen. Wotans erster Rat (*Alles ist nach seiner Art, an ihr wirst du nichts ändern*) ist in Alberichs Ohren auf Fafner gemünzt, passt aber ebenso gut auf Alberich. Wotans zweiter Rat (*Was anders ist, das lerne nun auch*) deutet – wie das Orchester kommentierend anmerkt – die Hoffnungen an, die Wotan verschwiegen auf Siegfried und Brünnhilde setzt.

(Wotan.)
Nun, Alberich! Das schlug fehl.
Doch schilt mich nicht mehr Schelm![198]

Diess Eine, rat' ich, achte noch wohl!
Alles ist nach seiner Art:
an ihr wirst du nichts ändern.

Ich lass' dir die Stätte, stelle dich fest:
versuch's mit Mime, dem Bruder;
der Art ja versiehst du dich besser.
Was anders ist, das lerne nun auch!

Mit diesem Rätsel auf den Lippen verschwindet der Wanderer im Wald. Wie bei seiner Ankunft erhebt sich bei seinem Abgang ein

---

[197] So Alberichs eigene Prognose und Erfahrung in *Rheingold* Tz 942–950 und 890–897.

[198] Tatsächlich ist Wotan ein doppelter Schelm. Seine erste Schelmerei hat er soeben mit zwei willfährigen Statisten (Alberich und Fafner) aufgeführt. Die zweite Schelmerei ist seine Behauptung, nun sei bewiesen, dass er kein Schelm sei.

lokaler Sturmwind, der sich schnell wieder verliert.[199] Alberich blickt dem Davonjagenden grimmig hinterher. Er hat den Spott bemerkt, kann aber, um im ersten Wortbild des Wanderers zu bleiben, an der eigenen Art nichts ändern. Verbissen wie seit vierzig Jahren[200] hofft Alberich auf den Untergang der Götter. Solange das Gold und der Ring auf Erden sind, will Alberich im Kampf um den Ring nicht nachlassen.[201]

(Alberich.)
Da reitet er hin auf lichtem Ross;
mich lässt er in Sorg' und Spott.

Doch lacht nur zu, ihr leichtsinniges, lustgieriges Göttergelichter!
Euch seh' ich noch alle vergehn!
So lang das Gold am Lichte glänzt,[202] *hält ein Wissender Wacht:*
trügen wird euch sein Trotz.[203]

Bei anbrechender Morgendämmerung verbirgt sich Alberich seitlich im Geklüft.

---

199 Siehe *Walküre* Tz 1066 und nach 1161.

200 Siehe die Eigendiagnose des von Hagen geträumten Alberich in *Götterdämmerung* Tz 570.

201 So schon in *Rheingold* Tz 722.

202 Solange der Ring nicht wieder im dunklen Nibelheim ist.

203 Ihr unterschätzt meinen zähen Widerstand.

The Eddas, the Sagas and the Nibelungenlied are always there, for anyone who wishes to read them: The Ring is something else.[204]

Zweite Szene

Bei anbrechendem Tag treten Siegfried und Mime auf. Siegfried trägt Nothung *an einem Gehenke*. Mime sieht sich vor Ort aufmerksam um. Als er im Hintergrund den in finsteren Schatten gehüllten Eingang zur Drachenhöhle entdeckt, während im Vordergrund das Sonnenlicht zunimmt, wendet er sich zu Siegfried.

(Mime.)
Wir sind zur Stelle; bleib' hier stehn.

Siegfried setzt sich unter einer großen Linde nieder und sieht sich enttäuscht um. Auf dieser gewöhnlichen Lichtung soll er das Fürchten lernen? Er nörgelt wie ein Kind. Die nächtliche Wanderung war ihm zu lang und das erreichte Ziel verspricht in seinen Augen nichts Besonderes. Missgelaunt verkündet er: falls Mime ihm zu viel versprochen habe und er hier das Fürchten nicht lernt, will er ohne Mime in die weite Welt weiterziehen.[205]

(Siegfried.)
Hier soll ich das Fürchten lernen?
Fern hast du mich geleitet;
eine volle Nacht im Walde selbander wanderten wir.
Nun sollst du, Mime, mich meiden!

Lern' ich hier nicht, was ich lernen soll,
allein zieh' ich dann weiter:
dich endlich werd' ich da los!

Siegfrieds unleidliche Ansage ist für Mime eine ernste Gefahr. Sollte ihn Siegfried verlassen, ohne den Drachen zu töten, wäre sein *zäher Plan* gescheitert. Darum in großer Sorge setzt sich Mime ein zweites und letztes Mal zugewandt zu Siegfried,[206] wobei er laut ei-

---

[204] Deryck Cooke, *The World End*, S. 86.

[205] Siehe Tz 553f.

[206] So auch die Regieanweisung in der ersten für Mimes Vorhaben vital kritischen Situation nach Tz 123.

ner fürsorgliche Regieanweisung Wagners seinen Platz so wählt, dass er den Eingang zur Drachenhöhle im Blick behält. Dann schwindelt Mime munter los: Siegfried könne das Fürchten nur hier und heute lernen – später und woanders könne das nicht mehr gelingen. Danach tut Mime etwas, was schlecht zu seinem Ablaufplan für den Tag und schlecht zu seinem geplanten Giftanschlag[207] passt. Statt Siegfried furchtlos in den Drachenkampf ziehen zu lassen, gibt er sich erdenklich große Mühe, dem Drachentöter in spe durch eine anschauliche Beschreibung der Drachengefahren das Fürchten beizubringen. Bildhaft malt Mime aus, welche Gefahren vom schrecklichen Rachen, dem giftigen Geifer und dem furchterregenden Schlangenschweif des Drachens ausgehen. Wagners detaillierte Regieanweisungen[208] werden dafür sorgen, dass der Drachenkampf nachher exakt in der Abfolge dieser Warnhinweise verlaufen wird. Zu dieser Korrelation passt, dass Siegfried jeden Warnhinweis Mimes intuitiv in die Begriffswelt eines absolut Furchtlosen übersetzt. Jede Warnung des schon von den eigenen Worten furchterfüllten Zwergs versteht Siegfried als sachdienlichen Hinweis darauf, was in einem Drachenkampf tunlichst zu beachten ist. Völlig verschlossen bleibt Siegfried, was Mimes Hinweise mit dem Fürchtenlernen zu tun haben könnten.[209]

(Mime.)
Glaube, Liebster, lernst du heut' und hier das Fürchten nicht:
an andrem Ort, zu andrer Zeit schwerlich erfährst du's je.

Siehst du dort den dunklen Höhlenschlund?
Darin wohnt ein gräulich wilder Wurm:
unmaßen grimmig ist er und groß,
ein schrecklicher Rachen reißt sich ihm auf;
mit Haut und Haar, auf einen Happ, verschlingt der Schlimme dich wohl.

(Siegfried.)
Gut ist's, den Schlund ihm zu schließen:
drum biet' ich mich nicht dem Gebiss.

---

[207] Siehe Tz 597–605, 644–650.

[208] Siehe nach Tz 1038.

[209] Siehe Tz 917–922.

(Mime.)
Giftig gießt sich ein Geifer ihm aus:
wen mit des Speichels Schweiß er bespeit,
dem schwinden wohl Fleisch und Gebein.

(Siegfried.)
Dass des Geifers Gift mich nicht sehre,
weich' ich zur Seite dem Wurm.

(Mime.)
Ein Schlangenschweif schlägt sich ihm auf:
wen er damit umschlingt und fest umschließt,
dem brechen die Glieder wie Glas!

(Siegfried.)
Vor des Schweifes Schwang mich zu wahren,
halt' ich den Argen im Aug'.

(Siegfried.)
Doch heiße mich das:
hat der Wurm ein Herz?

(Mime.)
Ein grimmiges, hartes Herz.

(Siegfried.)
Das sitzt ihm doch, wo es jedem schlägt,
trag' es Mann oder Tier?

(Mime.)
Gewiss, Knabe, da führt's auch der Wurm.
Jetzt kommt dir das Fürchten wohl an?

(Siegfried.)
Nothung stoß' ich dem Stolzen ins Herz!
Soll das etwa Fürchten heißen?

He! Du Alter!
Ist das alles, was deine List mich lehren kann?
Fahr' deines Wegs dann weiter:
das Fürchten lern' ich hier nicht.

Resignierend erkennt Mime, dass bei Siegfried mit Worten nichts auszurichten ist. Er hofft, dass eine leibhaftige Begegnung mit Fafner bewirken wird, was seine Worte verfehlten. Redselig fabuliert Mime, wie er selbst Angst erlebt.

(Mime.)
Wart' es nur ab!
Was ich dir sage, dünke dich tauber Schall:
ihn selber musst du hören und sehn,
die Sinne vergehn dir dann schon.

Wenn dein Blick verschwimmt,
der Boden dir schwankt,
im Busen bang dein Herz erbebt: –
dann dankst du mir, der dich führte,
gedenkst, wie Mime dich liebt.

Als das Reizwort *liebt* fällt, springt Siegfried unwillig auf. Mime soll ihn nicht lieben. Und überhaupt will er Mime nicht länger sehen.

(Siegfried.)
Du sollst mich nicht lieben!
Sagt' ich's dir nicht?
Fort aus den Augen mir!
Lass' mich allein,
sonst halt' ich's hier länger nicht aus,
fängst du von Liebe gar an!

Das eklige Nicken und Augenzwicken,
wann endlich soll ich's nicht mehr seh'n,
wann werd' ich den Albernen los?

Mime spürt, dass er sich zurückziehen muss, soll sein Projekt nicht vorzeitig scheitern. Er erklärt Siegfried, dass er sich etwas entfernt zu einer Quelle zurückziehen werde. In der Mittagshitze werde der Drache bei Siegfried vorbeikommen, um am Brunnen zu trinken. Siegfried ist einverstanden. Lachend fügt er hinzu, er werde den Drachen erst töten, nachdem dieser Mime mit *weggesoffen* habe. Fast wohlmeinend rät er Mime, am besten nicht an der Quelle zu rasten und überhaupt nie mehr in seine Nähe zu kommen.

(Mime.)
Ich lass' dich schon.
Am Quell dort lagr' ich mich;
steh'[210] *du nur hier:*

---

[210] Bleib.

steigt dann die Sonne zur Höh', merk' auf den Wurm:
aus der Höhle wälzt er sich her,
hier vorbei biegt er dann, am Brunnen sich zu tränken.

(Siegfried.)
Mime, weilst du am Quell, dahin lass' ich den Wurm wohl[211] *gehn:*
Nothung stoß' ich ihm erst in die Nieren,
wenn er dich selbst dort mit 'weg gesoffen.

Darum, hör' meinen Rat, raste nicht dort am Quell;
kehre dich 'weg, so weit du kannst,
und komm' nie mehr zu mir!

Natürlich kommt das für Mime nicht in Frage. Aufdringlich bietet er an, Siegfried solle ihn rufen, falls er Rat benötige – oder wenn ihm das Fürchten gefalle. Was er wirklich denkt, gibt Mime im Abgehen erst außer Hörweite von sich. Am liebsten wäre ihm, Fafner und Siegfried brächten sich gegenseitig um.

(Mime.)
Nach freislichem Streit dich zu erfrischen,
wirst du mir wohl nicht wehren?
Rufe mich auch, darbst du des Rates –
oder, wenn dir das Fürchten gefällt.

(Siegfried erhebt sich und treibt Mime
mit wütender Gebärde zum Fortgehen.)

(Mime, im Abgehen für sich.)
Fafner und Siegfried,
Siegfried und Fafner:
oh! Brächten beide sich um!

Während Mime in den Wald zurückgeht, streckt sich Siegfried behaglich unter der großen Linde aus. Er ist erleichtert, dass Mime nicht sein Vater ist. Nach einigem Schweigen sinniert Siegfried über ein Thema, das Wagner in eigener Angelegenheit viel beschäftigte und in mehreren seiner Bühnenwerke thematisiert – die eigene Herkunft.[212] Das Vaterthema bereitet Siegfried vergleichsweise wenig Kopfzerbrechen. Er nimmt an, dass sein Vater ähnlich aus-

[211] Gerne.

[212] Näher und weiterführend dazu: Martin Gregor-Dellin, *Richard Wagner*, S. 38ff.

sah wie er selbst. Dem Mutterthema begegnet der Jüngling, der noch nie eine Frau gesehen hat, dagegen mit großer Ratlosigkeit. Betroffen fragt sich Siegfried, warum seine Mutter bei seiner Geburt starb und ob vielleicht alle Menschenmütter an ihren Söhnen sterben müssen. Gerne wüsste er, wie seine Mutter aussah. Das kann er sich nicht vorstellen.

(Siegfried.)

Dass der mein Vater nicht ist, wie fühl' ich mich drob so froh!
Nun erst gefällt mir der frische Wald;
nun erst lacht mir der lustige Tag,
da der Garstige von mir schied, und ich gar nicht ihn wiederseh'.

(Nachdenkliches Schweigen.)

Wie sah mein Vater wohl aus? –
Ha! – Gewiss wie ich selbst!
Denn wär' wo von Mime ein Sohn,
müsst' er nicht ganz Mime gleichen?

Grade so garstig, griesig und grau,
klein und krumm, höckrig und hinkend,
mit hängenden Ohren, triefigen Augen ..?

Fort mit dem Alb!
Ich mag ihn nicht mehr sehn!

(Er lehnt sich tiefer zurück und blickt in die Baumwipfel.
Tiefe Stille und Waldweben.)

Aber – wie sah meine Mutter wohl aus?
Das kann ich nun gar nicht mir denken!
Der Rehhindin gleich glänzten gewiss ihr hell schimmernde Augen?
Nur noch viel schöner!

Da bang sie mich geboren, warum aber starb sie da?
Sterben die Menschenmütter an ihren Söhnen alle dahin?[213]
Traurig wäre das, traun!

Ach, möcht' ich Sohn meine Mutter sehen!
Meine Mutter – ein Menschenweib!

---

[213] Vgl. dazu Tz 209 und 1611f.

Siegfried seufzt und streckt sich zurück. Es herrscht *große Stille*. Nach langem Schweigen und ausgedehntem *Waldweben* im Orchester fesselt der Vogelgesang Siegfrieds Aufmerksamkeit. Er lauscht dem Ruf eines Waldvogels, der in den Zweigen über ihm in der Linde sitzt und dessen Ruf er noch nie hörte. Was den Naturburschen ornithologisch reizt, birgt auch für Ringkenner ein veritables Rätsel: wer wird gleich in den Worten des Waldvogels zu Siegfried sprechen? Spricht der Vogel für sich selbst, ist er die Stimme der Natur, spricht aus dem Vogel Sieglindes Seele, wie Wagner einmal meinte, oder ist der Vogel ein Bote Wotans? Zu diesen Rätselfragen passt, dass keine andere Figur im *Ring* in so delikaten Schritten auftritt wie der Waldvogel. Zunächst imitiert das Orchester an dieser Stelle rein instrumental nur die Melodie des Vogelrufs. Wenn Siegfried nachher durch den Genuss des Drachenbluts die Vogelsprache versteht, werden wir die Singstimme des Waldvogels hören, ohne den Vogel zu sehen.[214] Und erst wenn der Waldvogel Siegfried den Weg zu Brünnhilde zeigt, wird er auch zu sehen sein.[215]

Siegfried bedauert, dass er den Ruf des Waldvogels nicht deuten kann. In der Hoffnung, mehr über seine Mutter zu erfahren, schreibt Siegfried dem Waldvogel zu, was dieser nie tun wird: ihm von Sieglinde zu berichten.[216] Siegfried erinnert sich, dass Mime ihm einmal erklärte, man könne die Vogelsprache erlernen. Diese Erinnerung birgt vorweggenommene Ironie: was Mime seinerzeit wusste, wird ihn bald das Leben kosten. Denn nur, weil Siegfried den Waldvogel nachher verstehen kann, wird er Mimes Heuchelei durchschauen und den Heuchler erschlagen.[217]

(Siegfried.)
Du holdes Vöglein,
dich hört' ich noch nie:
bist du im Wald hier daheim?

---

[214] Siehe Tz 982–991, 1067–1072, 1141–1145, 1264–1270.

[215] Siehe Tz 1276–1278, 1284–1286 und nach Tz 1292.

[216] Das schon in der *Walküre* präsente Elternthema hat mutmaßlich einen biographischen Hintergrund; näher dazu Martin Gregor-Dellin, *Richard Wagner*, S. 34ff. und Herfried Münkler, *Marx/Wagner/Nietzsche*, S. 104f.

[217] Siehe Tz 1142–1145, 1220–1228.

Verstünd' ich sein süßes Stammeln!
Gewiss sagt' es mir 'was, –
vielleicht – von der lieben Mutter?

Ein zankender Zwerg hat mir erzählt,
der Vöglein Stammeln gut zu verstehn,
dazu könnte man kommen.
Wie das wohl möglich wär'?

Nachdenklich fällt Siegfrieds Blick auf ein Rohrgebüsch unweit der Linde. Wenn es ihm gelänge, den Vogelruf zu imitieren, überlegt Siegfried, müsse er umgekehrt auch dessen Sprache verstehen.[218]

(Siegfried.)
Hei! Ich versuch's, sing' ihm nach;
auf dem Rohr tön' ich ihm ähnlich:
entrat' ich der Worte, achte der Weise,
sing' ich so seine Sprache,
versteh' ich wohl auch, was es spricht.

Siegfried springt auf und schneidet mit dem Schwert ein Schilfrohr ab, aus dem er eine Pfeife schnitzt.

(Siegfried.)
Es schweigt und lauscht:
so schwatz' ich denn los!

Siegfried will auf der Rohrpfeife die Vogelweise nachahmen. Das misslingt kläglich; die Pfeife bringt nur Misstöne hervor. Siegfried setzt ab und bessert mehrfach nach. Als das nicht hilft, schüttelt er verdrießlich den Kopf, wirft die Pfeife fort, greift nach seinem silbernen Horn und bläst darauf eine lustige Weise

(Siegfried.)
Das tönt nicht recht;
auf dem Rohre taugt[219] *die wonnige Weise mir nicht.*
Vöglein, mich dünkt, ich bleibe dumm;
von dir lernt sich's nicht leicht.

(Er hört den Vogel wieder und blickt zu ihm auf.)

---

[218] Dieses Motiv hat Wagner in *Oper und Drama*, 2. Teil, GSD IV, S. 87 als Gedankenspiel ausgeführt: *Er spricht dann mit der Natur, und sie antwortet ihm*.

[219] Gelingt.

Nun schäm' ich mich gar vor dem schelmischen Lauscher;
er lugt, und kann nichts erlauschen.
Heida! So höre nun auf mein Horn.
Auf dem dummen Rohre gerät mir nichts.

Einer Waldweise, wie ich sie kann,
der lustigen sollst du nun lauschen:
nach lieben Gesellen lockt' ich mit ihr:
nichts Bess'res kam noch als Wolf und Bär.

Nun lass' mich sehn, wen jetzt sie mir lockt,
ob das mir ein lieber Gesell?

Nach einer Weile regt sich etwas im Hintergrund. *In der Gestalt eines ungeheuren eidechsenartigen Schlangenwurmes bricht Fafner durch das Gesträuch*, wälzt sich in den Vordergrund und *stößt einen starken gähnenden Laut aus*. Siegfried wendet sich um, blickt Fafner verwundert an und lacht.

(Siegfried.)
Haha!
Da hätte mein Lied mir 'was Liebes erblasen!
Du wärst mir ein saub'rer Gesell!

Fafner hat bei Siegfrieds Anblick angehalten und spricht ihn im Neutrum an, als sei er auf ein Tier oder einen Gegenstand gestoßen.

(Fafner.)
Was ist da?

Siegfried überhört die Herablassung und stört sich auch nicht an Fafners Gestalt. Neugierig und unbefangen freut er sich, ein Tier zu treffen, das sprechen und ihm vielleicht das Fürchten beibringen kann.

(Siegfried.)
Ei, bist du ein Tier, das zum Sprechen taugt,
wohl ließ' sich von dir 'was lernen?[220]
Hier kennt einer das Fürchten nicht:
kann er's von dir erfahren?

---

[220] Bist du ein sprechendes Tier, würde ich gerne etwas von dir lernen.

Seit bald vierzig Jahren daran gewöhnt, dass bei seinem Anblick jeder erschrickt, (miss)versteht Fafner Siegfrieds Frage als Provokation. Wie auch anders denn als gezielte Provokation soll ein ausgewachsener Drache die Frage eines jugendlichen und mit einem Schwert bewaffneten Helden verstehen, ob er von ihm *das Fürchten erfahren* kann? Gemeint war Siegfrieds Frage anders. Nach Mimes Einweisung erwartet Siegfried in naiver Unkunde, das Fürchten sei eine Fertigkeit, die man wie andere Fertigkeiten durch Unterricht erlernen kann.[221] Fafners von einer vermeintlichen Provokation geleitete Gegenfrage,

(Fafner.)
Hast du Übermut?

die man mit Blick auf die Situation und die Mentalität der Beteiligten auf der Bühne zeitgemäß vielleicht mit *„Hey, willst Du Ärger?"* übersetzen könnte, lässt Raum für eine herausfordernde oder eine beschwichtigende Antwort des jungen Helden. So legt Fafner den weiteren Verlauf der Begegnung in Siegfrieds Hand. Nach dem Willen seines literarischen Schöpfers erkennt Siegfried diese Weggabelung nicht. Da Siegfried nicht weiß, was Furcht ist, weiß er auch nicht, was *„Mut"* oder *„Übermut"* bedeuten.[222] Dementsprechend unverständig fällt Siegfrieds zweiteilige Antwort aus: Der erste Teil *„Mut oder Übermut – was weiß ich!"* zeugt von völligem Unverständnis der Fafnerschen Frage. Wichtiger als dieser spitzfindige Scherz Wagners ist der zweite Teil von Siegfrieds Antwort. Dort hat Wagner ein Missverständnis zwischen Drachen und Held versteckt, das in wenigen Augenblicken zu einem Drachenkampf führen wird, den keiner der beiden Kombattanten wirklich beginnen wollte. Da Siegfried durch Mime darauf vorbereitet wurde, dass er nur hier und heute und exklusiv von Fafner das für sein künftiges Dasein in der weiten Welt unentbehrliche Fürchten lernen kann,[223] brennt Siegfried darauf, dass Fafner ihm die ersehnte Lektion erteilt. Anders als manche Interpreten (ohne greifbaren Anhaltspunkt in Text oder Musik) meinen, hat Siegfried darum nicht den geringsten Anlass, Fafner zu einem tödlichen Kampf herauszufordern – jedenfalls nicht, bevor Fafner ihn erfolgreich im

---

[221] Unter diesem Blickwinkel siehe insbesondere Tz 520f., 539–541, 553f., 681–684, 884–889.

[222] Das ist rein sprachlich betrachtet streng logisch: wer keine Angst kennt, benötigt und kennt in eigener Sache keinen Mut und kennt darum erst recht auch keinen Über-Mut.

[223] Siehe Tz 513f., 553f., 891f. und 1431f.

Fürchten unterwiesen hat. Denn von wem sonst wollte Siegfried das Fürchten *„hier und heute"* lernen, da Mime an dieser Aufgabe konstant kläglich gescheitert ist und niemand anderes als Fafner vor Ort ist, der Siegfried den ersehnten Unterricht erteilen könnte? Siegfrieds von manchen Opernbesuchern als tödliche Drohung verstandene Ankündigung, er werde Fafner *zu Leibe fahren*, wenn dieser ihm nicht auf der Stelle das Fürchten beibringe, ist darum mitnichten als Aufforderung zum tödlichen Drachenkampf gemeint, sondern eine – zugegeben etwas ungehobelt formulierte – Bitte, Fafner möge unverzüglich mit der akademischen Lehrstunde im Fürchten beginnen. In Fafners Ohren (ebenso wie in den Ohren aller Opernbesucher, die wissen, was Furcht bedeutet) klingen Siegfrieds Worte hingegen ganz anders: Da Fafner weiß, was Furcht bedeutet[224] und da er (höchst verständlich, objektiv indes irrig) davon ausgeht, dass auch Siegfried das wisse, versteht er den zweiten Teil von Siegfrieds Antwort als Drohung, dass Siegfried ihn angreifen werde, wenn Fafner nicht selbst angreift. Auf dieses – in keinem seiner Quelltexte vorgegebene – Wortspiel war Wagner so stolz, dass er Siegfried nachher noch mehrfach beteuern lässt, nicht er habe Fafner angegriffen, sondern Fafner habe ihn zum Kampf provoziert.[225]

(Siegfried.)
Mut oder Übermut, – was weiß ich!
Doch dir fahr' ich zu Leibe,
lehrst du das Fürchten mir nicht.

Im irrigen Gefühl sicherer Überlegenheit nimmt Fafner Siegfrieds Aufforderung zum Unterricht im Fürchten lachend als Kriegserklärung an. Angriffslustig öffnet er seinen Rachen und zeigt seine Zähne. Nach dieser Drohgebärde überbieten sich beide Kombattanten in halbstarken Kampfparolen.

(Fafner lacht.)
1025 *Trinken wollt' ich, nun treff' ich auch Fraß!*[226]
(Er öffnet den Rachen und zeigt seine Zähne.)

---

224 Siehe *Rheingold* Tz 458.

225 Siehe Tz 1045 sowie Tz 1433f. Im Ergebnis ähnlich wie hier: Torsten Meiwald, *Randbemerkungen*, S. 72.

226 Siehe Tz 860.

(Siegfried.)
Eine zierliche Fresse zeigst du mir da,
lachende Zähne im Leckermaul!
Gut wär' es, den Schlund dir zu schließen;
dein Rachen reckt sich zu weit.

(Fafner.)
Zu tauben Reden taugt er schlecht:
dich zu verschlingen, frommt der Schlund.

(Siegfried.)
Hoho! Du grausam grimmiger Kerl!
Von dir verdaut sein, dünkt mich übel.
Rätlich und fromm doch scheint's,
du verrecktest hier ohne Frist.

(Fafner brüllt.)
Pruh! Komm', prahlendes Kind!

(Siegfried.)
Hab' acht, Brüller!
Der Prahler naht!

Siegfried zieht sein Schwert, springt Fafner an und bleibt herausfordernd stehen. Fafner wälzt sich vorwärts und speit aus seinen Nüstern auf Siegfried. Dieser weicht dem Geifer aus, springt näher und stellt sich zu Fafners Seite. Dort will ihn Fafner mit dem Schweif erreichen. Als ihm das fast gelingt, springt Siegfried mit einem Satz über Fafner hinweg und verwundet ihn mit Nothung am Schweif. Fafner brüllt, zieht den Schweif heftig zurück und bäumt seinen Vorderleib auf, um sich mit voller Wucht auf Siegfried zu werfen. Dabei bietet er dem jungen Helden ungeschützt seine Brust. Siegfried erspäht schnell die Stelle, wo das Herz sitzt und stößt dort sein Schwert bis an das Griffheft hinein. Fafner bäumt sich vor Schmerz hoch auf und sinkt, als Siegfried das Schwert losgelassen hat und zur Seite gesprungen ist, sterbend auf der Wunde zusammen.

(Siegfried.)
Da lieg', neidischer Kerl!
Nothung trägst du im Herzen!

Fafner ahnt, dass er keinem gewöhnlichen Helden erliegt. Ebenso ahnt er, dass Siegfried ihn nicht aus eigenem Antrieb töten wollte.

(Fafner, mit schwächerer Stimme.)
Wer bist du, kühner Knabe, der das Herz mir traf?
Wer reizte des Kindes Mut zu der mordlichen Tat?
Dein Hirn brütete nicht, was du vollbracht.

Siegfried weiß keine Antwort auf die Fragen des Sterbenden. Weder weiß er, wer er ist und wer seine Eltern waren. Noch hat er bereits durchschaut, dass und wozu Mime den Drachenkampf (in Wotans Sinn) arrangierte.[227] Den fragenden Mordvorwurf Fafners weist Siegfried mit dem Hinweis zurück, Fafner habe den Kampf selbst provoziert.

(Siegfried.)
Viel weiß ich noch nicht, noch nicht auch, wer ich bin:
mit dir mordlich zu ringen, reiztest du selbst meinen Mut.

Das Orchester kennt die richtigen Antworten. Es kommentiert Siegfrieds ratlose Angaben mit dem *Fluch-Motiv* und dem *Nibelungenhass-Motiv*. Im Sterben berichtet Fafner kurz, wer er ist. Dann warnt er seinen arglosen Bezwinger vor dessen Anstifter. Da er den Ring und den Ringfluch kennt, vermutet Fafner ganz richtig, dass Siegfried – ähnlich wie er selbst im *Rheingold* durch Loge[228] – von einem Wissenden vorgeschickt wurde. Die kluge Warnung nützt Siegfried nichts, weil er sie nicht verständig einordnen kann.[229]

(Fafner.)
Du helläugiger Knabe,[230] *unkund deiner selbst:*
wen du gemordet, meld' ich dir.

Der Riesen ragend Geschlecht, Fasolt und Fafner,
die Brüder fielen nun beide.
Um verfluchtes Gold, von Göttern vergabt, traf ich Fasolt zu tot:
der nun als Wurm den Hort bewachte,
Fafner, den letzten Riesen, fällte ein rosiger Held.

---

[227] Später wird Siegfried recht reflektiert auf seine Begegnung mit Fafner zurückblicken; siehe Tz 1058–1060, 1155–1160 und *Götterdämmerung* Tz 1109f., 1190–1194.

[228] Siehe *Rheingold* Tz 1103f.

[229] Siehe dazu auch *Götterdämmerung* Tz 1089–1116.

[230] Der *helläugige Knabe* ist keine germanisierende Wortschöpfung Wagners, sondern wurde von Wagner wortwörtlich aus dem 18. Gesang der *Völsungen-Saga* übernommen.

Blicke nun hell[231]*, blühender Knabe!*
Der dich Blinden reizte zur Tat,[232]
berät jetzt des Blühenden Tod.[233]

(Ersterbend.)
Merk', wie's endet!
Acht' auf mich!

Durch Fafners freundliche Worte ermutigt, will Siegfried wissen, was Fafner zu seiner Herkunft weiß.

(Siegfried.)
Woher ich stamme, rate mir noch;
weise ja scheinst du, Wilder, im Sterben:
rat' es nach meinem Namen: – Siegfried bin ich genannt.

Fafner erhebt sich, wiederholt seufzend Siegfrieds Namen und stirbt.

(Fafner.)
Siegfried! ...

Treffend bedauert Siegfried die Schweigsamkeit des Toten.

(Siegfried.)
Zur Kunde taugt kein Toter.
So leite mich denn mein lebendes Schwert!

Im Sterben hat sich Fafner zur Seite gewälzt. Siegfried zieht ihm das Schwert aus der Brust. Dabei wird seine Hand von Drachenblut benetzt. Siegfried zieht die Hand heftig zurück, denn das Blut brennt auf seiner Haut.

(Siegfried.)
Wie Feuer brennt das Blut!

Unwillkürlich führt Siegfried die schmerzenden Finger zum Mund, um das Blut abzusaugen. Wie er dabei nachdenklich vor sich hinblickt, wird er auf den Gesang der Waldvögel aufmerksam. Er

---

[231] Aufmerksam. Pass' auf / sieh' dich vor.
[232] Wer dich Ahnungslosen zu dieser Tat anstiftete, ...
[233] Plant jetzt deinen Tod.

lauscht mit angehaltenem Atem, denn plötzlich kann er die Vogelsprache verstehen.[234]

(Siegfried.)
Ist mir doch fast, als sprächen die Vöglein zu mir?
Nützte mir das des Blutes Genuss?
Das selt'ne Vöglein hier, horch!
Was singt es mir?

Die Stimme des dem Blick der Zuschauer noch verborgenen Waldvogels erklärt Siegfried, dass ihm jetzt der *Nibelungenhort* gehöre. Der Tarnhelm tauge *zu wonniger Tat* und der Ring erhebe ihn zum *Herrscher der Welt*. Weniger klar als diese Botschaft ist, für wen der Waldvogel spricht. Wagner soll ihn einmal *die mütterliche Seele der Sieglinde* genannt haben, was bedeuten würde, dass der Waldvogel zur *naturhaft-mütterlichen Sphäre* und nicht zum Machtbereich Wotans gehört.[235] Manche halten hingegen Wotan für den Hintermann des Waldvogels.[236] Beide Deutungen eröffnen Fragen: warum sollte Sieglindes Seele dem eigenen Sohn den lebensgefährlichen Ring empfehlen? Und warum sollte Wotan den erhofften Erlöser auf das Machtpotential des Rings hinweisen lassen, obwohl ihm nicht daran gelegen sein kann, dass Siegfried dieser Versuchung erliegt?[237] Eine denkbar passende Antwort auf die zweite Frage haben wir vorhin aus dem Mund des Wanderers vernommen: wahre Freiheit genießt nur, wer eine Versuchung kennt und ihr nachgeben oder widerstehen kann.[238] Dass er Siegfried solche Freiheit gewährt und aufbürdet, könnte Wotans Umgang mit Siegfried bewusst von seinem Umgang mit Siegmund unterscheiden.[239] Auch andere Indizien sprechen – wenngleich auch in Summe nicht zwingend – dafür, dass jedenfalls im finalen Text der Tetralogie[240] Wotan seine Finger im Spiel hat, wenn der Waldvogel zu Siegfried

---

234 Weiterführend zu den teils antiken Quellen dieses Motivs: Ernst Meinck, *Sagenwissenschaftliche Grundlagen*, S. 227ff.

235 So Dieter Borchmeyer in: Udo Bermbach (Hrsg.), *Alles ist nach seiner Art*, S. 78.

236 So Hartmut Haenchen, *Wotan und seine Vögel* (www.haenchen.net), wonach der Waldvogel bloß nachsprechen könne, was Wotan ihm vorsagte.

237 Siehe Tz 1391–1398.

238 So Wotans Einsicht gemäß Tz 832–834.

239 Siehe *Walküre* Tz 489–498, 508–517, 660–668, 675–678.

240 Zur Entwicklungsgeschichte in Wagners Entwürfen siehe Dieter Borchmeyer a.a.O., S. 78.

spricht. So fällt auf, dass der Vogel dem jungen Helden in seinen drei Wortmeldungen[241] – alles andere als *schwatzend*[242] – in konzentrierter Form mitteilt, was Siegfried wissen muss, damit Wotans Wälsungen-Plan in zweiter Auflage in Gang kommt und Siegfried das Todesurteil des Wanderers an Mime vollstreckt: Siegfried soll in der Drachenhöhle den Ring an sich nehmen, er soll aufmerksam Mimes Heuchlergerede lauschen und er soll sich bräutlich auf den Weg zu Brünnhilde begeben. Wer ungeachtet dieser textlichen Hinweise Wagners eigene Deutung bevorzugt, mag die Lücke zum Text mit der Annahme schließen, dass Sieglindes Seele auf übernatürlichem Weg die Rettungspläne des Wanderers in Erfahrung gebracht hat und es für tunlich hält, dem Sohn die mit Ringerwerb verbundene Lebensgefahr zu verschweigen.[243]

(Stimme eines Waldvogels in der Linde.)
Hei! Siegfried gehört nun der Niblungen Hort!
O, fänd' in der Höhle den Hort er jetzt!
Wollt' er den Tarnhelm gewinnen, der taugt' ihm zu wonniger Tat:
doch wollt' er den Ring sich erraten, der macht' ihn zum Walter der Welt!

Ohne die magischen Kräfte der genannten Utensilien zu kennen und ohne einen Gedanken an deren denkbar praktischen Nutzen für den eigenen Wohlstand (Gold) oder den eigenen Status (Macht) zu verschwenden,[244] dankt Siegfried dem Waldvogel für dessen Rat und steigt in die Drachenhöhle hinab, wo er alsbald gänzlich verschwindet.

(Siegfried.)
Dank, liebes Vöglein, für deinen Rat!
Gern folg' ich dem Ruf!

---

[241] Siehe in Tz 1069ff., 1141ff. sowie, thematisch jeweils zusammengehörend, in Tz 1264ff., 1276ff. und 1284ff.

[242] So in vermutlich tarnend gedachter, tatsächlich eher entlarvender Distanzierung die Ausdrucksweise Wotans in Tz 1422.

[243] Siehe hierzu Volker Mertens, *Der Ring*, S. 109, der im Waldvogel Siegfrieds eigene Natur bzw. den *Geist der Erzählung* erblickt, der Siegfrieds Grenzen teile und den jungen Helden daher *nicht vor dem Trug der Menschenwelt warnen* könne.

[244] Siehe Tz 1135–1140 und *Götterdämmerung* Tz 268–274 und 278–281.

Der Ring ist ein mit Musik und weissagender Natur verwachsenes Weltgedicht, worin die Ur-Elemente des Daseins agieren, Nacht und Tag Zwiesprache halten, mythische Grundtypen der Menschheit, die Lichten und Goldhaarig-Frohgemuten und die in Hass, Gram und Aufruhr Brütenden sich in tiefsinniger Märchenhandlung begegnen.[245]

Dritte Szene

Kaum ist Siegfried in der Drachenhöhle verschwunden, schleicht scheu umherblickend Mime heran, um sich von Fafners Tod zu überzeugen. Gleichzeitig kommt von der anderen Seite Alberich aus dem *Geklüft* und beobachtet Mime genau. Beide Zwerge eint und trennt das gleiche Ziel: die Gier nach dem Ring und der Weltherrschaft. Anders als Wotan haben beide mit eigenen Händen dazu beigetragen, dass der Ring und der Tarnhelm entstanden. Gegenseitig gönnen sich die Brüder[246] allerdings nichts. In für den *Ring* untypisch knapper Wechselrede, die den missgünstigen Subtext des Dialogs unterstreicht, bekennen beide Zwerge ihre gegenseitige Abneigung. In eifernder Missgunst geraten sie tragikomisch wegen der Verteilung einer Beute aneinander, die noch keiner von ihnen gemacht hat und auch keiner von ihnen jemals machen wird. Dabei empfinden beide aufrichtig, der Bruder wolle etwas haben, was einem selbst gehört. Alberich fühlt sich im besseren Recht, weil er den Ring schuf; Mime hat das gleiche Empfinden, weil er den Tarnhelm schmiedete und durch Siegfrieds Anleitung zum Drachenkampf dafür sorgte, dass der Ring jetzt überhaupt wieder greifbar geworden ist.

Als sich Mime, weil er Siegfried nicht mehr sieht, vorsichtig der Drachenhöhle zuwendet, stürzt Alberich auf ihn zu und vertritt ihm den Weg.

(Alberich.)
Wohin schleichst du eilig und schlau,
schlimmer Gesell?

---

[245] Thomas Mann, *Richard Wagner und der ‚Ring des Nibelungen'*, Vortrag 1937.

[246] Drei Brüderpaare auf drei Ebenen kennt der *Ring*: Fasolt und Fafner auf Erden, Alberich und Mime in Nibelheim sowie Donner und Froh in Walhall.

(Mime.)
Verfluchter Bruder, dich braucht' ich hier!
Was bringt dich her?

(Alberich.)
Geizt es dich, Schelm, nach meinem Gold?
Verlangst du mein Gut?

(Mime.)
Fort von der Stelle!
Die Stätte ist mein: was stöberst du hier?

(Alberich.)
Stör' ich dich wohl im stillen Geschäft,
wenn du hier stiehlst?

(Mime.)
Was ich erschwang mit schwerer Müh',
soll mir nicht schwinden.

(Alberich.)
Hast du dem Rhein das Gold zum Ringe geraubt?
Erzeugtest du gar den zähen Zauber im Reif?

(Mime.)
Wer schuf den Tarnhelm, der die Gestalten tauscht?
Der sein' bedurfte[247]*, erdachtest du ihn wohl?*[248]

(Alberich.)
Was hättest du Stümper je wohl zu stampfen verstanden?
Der Zauberring zwang mir den Zwerg erst zur Kunst.[249]

(Mime.)
Wo hast du den Ring?
Dir Zagem entrissen ihn Riesen.[250]
Was du verlorst, meine List erlangt' es für mich.

---

[247] Alberich.

[248] Mime schuf den Tarnhelm, den Alberich erdachte.

[249] Alberich zwang Mime mit dem Ring, den Tarnhelm zu schmieden; siehe *Rheingold* Tz 577–603, 646–667, 774–779, 872–880.

[250] Das ist ungenau. Im finalen Text der Tetralogie verliert Alberich den Ring nicht direkt an die Riesen, sondern an die Götter, die den Ring dann zur Bezahlung Walhalls an die Riesen weiterreichen.

(Alberich.)
Mit des Knaben Tat[251] *will der Knicker nun knausern?*
Dir gehört sie gar nicht, der Helle[252] *ist selbst ihr Herr.*[253]

(Mime.)
Ich zog ihn auf;
für die Zucht zahlt er mir nun:
für Müh' und Last erlauert' ich lang meinen Lohn.

(Alberich.)
Für des Knaben Zucht
will der knickrige, schäbige Wicht
keck und kühn wohl gar König nun sein?
Dem räudigsten Hund wäre der Ring gerat'ner als dir,
nimmer erringst du Rüpel den Herrscherreif!

Scheinbar versöhnlich schlägt Mime vor, die Beute brüderlich zu teilen. Alberich, so lautet sein Vorschlag, möge den Ring und die Weltherrschaft übernehmen, wenn er selbst nur den Tarnhelm bekäme. Mit diesem Vorschlag greift Mime ein Vorhaben auf, das ihm schon im *Rheingold* misslang. Dort wollte Mime den Bruder mit dem Tarnhelm überlisten, um ihm den Ring abzunehmen.[254]

(Mime.)
Behalt' ihn denn,
und hüt' ihn wohl,[255] *den hellen Reif;*
sei du Herr, doch mich heiße auch Bruder!
Um meines Tarnhelms lustigen Tand tausch' ich ihn dir,
uns beiden taugt's, teilen die Beute wir so.[256]

---

[251] Mit Siegfrieds Drachentötung.

[252] Siegfried.

[253] Das stimmt nicht ganz. Wie der flucherfahrene Fafner in Tz 1042f. und 1053f. ganz richtig vermutet und Siegfried in Tz 1157–1160 zu begreifen beginnt, hat Siegfried den Drachen zwar aus eigener Kraft, doch nicht aus eigenem Antrieb getötet. In der *Götterdämmerung* durchschaut Siegfried rückblickend, dass Mime ihn als Werkzeug für den Drachenkampf missbrauchte; siehe dort Tz 1190–1194.

[254] Siehe *Rheingold* Tz 585–596, 652–657.

[255] Mime zitiert hier textsicher die Schlussworte von Alberichs Ringfluch; siehe *Rheingold* Tz 953.

[256] Das entspricht fast wortwörtlich Fasolts Teilungsvorschlag gegenüber Fafner im *Rheingold;* siehe dort Tz 1094.

Wie schon vor vierzig Jahren durchschaut Alberich die Absicht[257] und lehnt höhnisch lachend ab. Besonderen Scharfsinn muss Alberich dafür nicht investieren. Denn was Mime für eine raffinierte List hält, war – jedenfalls im Ansatz – Alberichs eigener Gedanke, als er den Tarnhelm ersann und Mime befahl, diesen zu schmieden.[258]

(Alberich.)
Teilen mir dir?
Und den Tarnhelm gar?
Wie schlau du bist!
Sicher schlief' ich niemals vor deinen Schlingen![259]

Mime gerät außer sich vor Wut.

(Mime, außer sich.)
Selbst nicht tauschen?
Auch nicht teilen?[260]
Leer soll ich gehn?
Ganz ohne Lohn?
Gar nichts willst du mir lassen?

Man muss Mime nicht sonderlich mögen, um seine Empörung zu verstehen: das jahrzehntelang in entbehrungsreicher Einsamkeit verfolgte und jetzt endlich in greifbare Nähe gerückte Ziel droht auf den letzten Metern ausgerechnet am eigenen Bruder zu scheitern. Doch Alberichs ungerührte Antwort fällt so ehrlich wie herzlos aus.

(Alberich.)
Nichts von allem!
Nicht einen Nagel sollst du dir nehmen.

Auf Alberichs brüske Ablehnung lehnt plötzlich auch Mime jede Beuteteilung ab. Mit der Ironie des Textdichters, die uns im *Ring* häufiger begegnet, wünscht Mime dem Bruder den Tod von Siegfrieds Hand, den er gleich selbst erleiden wird.

---

[257] Siehe *Rheingold* Tz 591–596.
[258] Siehe *Rheingold* Tz 608–615, 659–668, 770–781.
[259] Siehe *Rheingold* Tz 652–657, 765–780.
[260] Siehe die Sinnparallele in *Rheingold* Tz 1094.

(Mime, wütend.)
Weder Ring noch Tarnhelm soll dir denn taugen,
nicht teil' ich nun mehr!
Gegen dich doch ruf' ich Siegfried zu Rat und des Recken Schwert;
der rasche Held, der richte, Brüderchen, dich.

In diesem Augenblick kommt Siegfried aus der Drachenhöhle. Statt prächtiger und nutzloser Pretiosen, wie beide Zwerge das erwarteten, hat Siegfried, dem Rat des Waldvogels folgend, allein die beiden zaubermächtigen Teile des Goldschatzes an sich genommen: den Tarnhelm und den Ring. In hämischer Missgunst entdeckt jeder Zwerg zuerst das Objekt, das der Bruder schuf.

(Alberich.)
Kehre dich um!
Aus der Höhle kommt er daher.

(Mime.)
Kindischen Tand erkor er gewiss.

(Alberich.)
Den Tarnhelm hält er.

(Mime.)
Doch auch den Ring.

(Alberich.)
Verflucht! Den Ring!

Nach kurzem Schreck lacht Mime auf. Was in der misslichen Lage beider Zwerge befremdlich wirken mag, ist klug und schnell gedacht. Mime schöpft neue Hoffnung. Während er im Wettbewerb mit Alberich ziemlich sicher das Nachsehen gefunden hätte,[261] fühlt sich Mime mit seinem betäubenden Trank im Gepäck auf Siegfried als Rivalen gut vorbereitet. Alberich ist hingegen aus seiner Sicht jetzt endgültig aus dem Rennen. Denn wie soll Alberich mit bloßen Händen Siegfried bezwingen? Hämisch freut sich Mime

(Mime.)
Lass' ihn den Ring dir doch geben!
Ich will ihn mir schon gewinnen.

---

[261] Siehe Tz 835.

und schlüpft in den Wald. Alberich bleibt in mürrischer Zuversicht zurück.

(Alberich.)
Und doch seinem Herrn[262] *soll er allein noch gehören.*

Er verschwindet seitlich im *Geklüft* und beobachtet von dort das weitere Geschehen. Siegfried ist langsam aus der Höhle getreten und betrachtet nachdenklich seine Beute. Er weiß nicht, wozu die beiden Pretiosen gut sein sollen. Er betrachtet sie als wertlose Erinnerungsstücke daran, dass er heute einen Drachen besiegte, ohne das Fürchten zu lernen.

(Siegfried.)
Was ihr mir nützt, weiß ich nicht:
doch nahm ich euch aus des Horts gehäuftem Gold,
weil guter Rat mir es riet.

So taug' eure Zier als des Tages Zeuge,
es mahne der Tand, dass ich kämpfend Fafner erlegt,
doch das Fürchten noch nicht erlernt.

Siegfried steckt sich den Tarnhelm an den Gürtel und den Ring an den Finger. Nach einer Weile der Stille achtet Siegfried bei zunehmendem Waldweben wieder auf die Stimme des Waldvogels. Dieser warnt ihn vor Mime und fügt hinzu, dass Siegfried dank des Drachenblutes nicht nur die Sprache der Vögel verstehen, sondern auch menschliche Heuchelei durchschauen könne. Diese Gabe wird Siegfried gleich im Gespräch mit Mime zugutekommen, wobei Siegfried den Unterschied zwischen dem geheuchelten Sprachtext und dem von Mime jeweils unterschlagenen Subtext wohl nicht reflektiert wahrnimmt. Darum spricht Siegfried den Heuchler mehrfach auf den Subtext an, den Mime „in echt" nur still für sich denkt und – anders als auf der Bühne – nicht vernehmlich artikuliert.

(Stimme des Waldvogels.)
Hei! Siegfried gehört nun der Helm und der Ring!
O traute er Mime, dem treulosen, nicht!
Hörte Siegfried nur scharf auf des Schelmen Heuchlergered'!

[262] Alberich.

Wie sein Herz[263] *es meint, kann er*[264] *Mime verstehn;*
so nützt' ihm des Blutes Genuss.

Siegfrieds Miene und Gebärde sollen ausdrücken, dass er die Worte des Waldvogels vernommen und verstanden hat. Als er sieht, wie Mime heranschleicht, bleibt Siegfried unbewegt und auf sein Schwert gestützt stehen. Mime spricht im Näherkommen verstohlen zu sich selbst. Die verblüffend zielgenaue Auswahl der Beutestücke durch den Ahnungslosen erklärt sich Mime – im Grunde völlig ratlos – mit seiner Sorge am Vortag, der weise Wanderer könne Siegfried Dinge verraten haben, die Mime ihm wohlweislich vorenthielt.[265] Vertraulich will er Siegfried überreden, den vergifteten Trank zu sich zu nehmen.

(Mime, still für sich.)
Er sinnt und erwägt der Beute Wert:
weilte wohl hier ein weiser Wandrer, schweifte umher,
beschwatzte das Kind mit list'ger Runen Rat?

Zwiefach schlau sei nun der Zwerg;
die listigste Schlinge leg' ich jetzt aus,
dass ich mit traulichem Trug-Gerede betöre das trotzige Kind.

Schmeichelnd tritt Mime zu Siegfried und erkundigt sich, ob dieser das Fürchten gelernt habe. Als Siegfried wortkarg verneint,

(Mime.)
Willkommen, Siegfried!
Sag', du Kühner, hast du das Fürchten gelernt?

(Siegfried.)
Den Lehrer fand ich noch nicht.

lenkt Mime das Gespräch auf ein Thema, bei dem er entspanntes Einvernehmen erwartet. Dass der Drache *ein schlimmer Gesell* war, scheint Mime ebenso konsensfähig wie die überflüssige Mitteilung, dass Siegfried den Drachen erschlug.

---

[263] Mimes Herz.

[264] Siegfried.

[265] Siehe Tz 303–305, 320, 419–421, 1044f., 1053–1062.

(Mime.)
Doch den Schlangenwurm, du hast ihn erschlagen?
Das war doch ein schlimmer Gesell?

Das flache Friedensangebot verfängt nicht. Lieber, als sich in Banalitäten zu vertragen, bekräftigt Siegfried seine aufrichtige Abneigung.[266] Nicht einmal seine Freude über den erfolgreichen Drachenkampf will Siegfried mit jemandem teilen, den er verabscheut. Anders als Mime empfindet Siegfried über Fafners Tod einen Anflug von Reue, weil *viel üblere Schächer unerschlagen noch leben*, wie er mit unverhohlenem Seitenblick auf den Anstifter des Drachenkampfes hinzufügt.

(Siegfried.)
So grimm und tückisch er war,
sein Tod grämt mich doch schier,
da viel üblere Schächer unerschlagen noch leben.
Der mich ihn morden hieß,[267] *den hass' ich mehr als den Wurm!*

Mit seinem gehässigen Seitenhieb lenkt Siegfried das Gespräch von Fafner auf Mime, der seinerseits das Gespräch auf den geplanten Mordanschlag gegen Siegfried weiterleitet. Auf der Bühne spricht Mime dabei jeweils im Wechsel, was er laut heuchelnd zu Siegfried spricht und was er dabei jeweils still für sich denkt.[268]

(Mime, sehr freundlich.)
Nur sachte! Nicht lange siehst du mich mehr:

(Mime, innere Absicht.)
zum ew'gen Schlaf schließ' ich dir die Augen bald.
Wozu ich dich brauchte, hast du vollbracht;
jetzt will ich nur noch die Beute dir abgewinnen;
mich dünkt, das soll mir gelingen;
zu betören bist du ja leicht.

Siegfried spricht Mime auf dessen innere Absicht an.

---

[266] Das ist ein Charakterzug, den Siegfried in der *Götterdämmerung* unter Drogenwirkung ebenso einbüßen wird wie seine durch das Drachenblut erworbene Gabe, menschliche Heuchelei zu durchschauen.

[267] Mime.

[268] Die im folgenden Textabschnitt enthaltenen Hinweise, welche Textteile Mime entweder *laut* spricht oder als *innere Absicht* nur für sich denkt, stammen nicht von Wagner, sondern vom Verfasser.

(Siegfried.)
So sinnst du auf meinen Schaden?

Mime dementiert heuchlerisch.

(Mime, verwundert.)
Wie, sagt' ich denn das?
Siegfried! Hör' doch, mein Söhnchen!

(Mime, innere Absicht)
Dich und deine Art hasst' ich immer von Herzen;
aus Liebe erzog ich dich Lästigen nicht:
dem Horte in Fafners Hut[269]*, dem Golde galt meine Müh'.*

Gibst du mir das gutwillig nun nicht,
Siegfried, mein Sohn, das siehst du wohl selbst –
dein Leben musst du mir lassen.

Siegfried begrüßt Mimes Hass und amüsiert sich über dessen Mordplan.

(Siegfried.)
Dass du mich hassest, hör' ich gern:
doch auch mein Leben muss ich dir lassen?

Erneut dementiert Mime laut, was er still für sich dachte.

(Mime, laut.)
Das sagt' ich doch nicht?
Du verstehst mich ja falsch!

(Er gibt sich die ersichtlichste Mühe zur Verstellung.)
Sieh', du bist müde von harter Müh'.
Brünstig wohl brennt dir der Leib;
dich zu erquicken mit queckem Trank, säumt' ich Sorgender nicht:

(Mime, innere Absicht)
als dein Schwert du dir branntest, braut' ich den Sud;
trinkst du nun den, gewinn' ich dein trautes Schwert,
und mit ihm Helm und Hort. Hihihihihihi!

Siegfried spricht Mime erneut auf dessen innere Absicht an.

---

[269] Obhut.

(Siegfried.)
So willst du mein Schwert und, was ich erschwungen,
Ring und Beute, mir rauben?

(Mime, laut und heftig.)
Was du doch falsch mich verstehst!
Stamml' ich, fasl' ich wohl gar?

(Mime, innere Absicht)
Die größte Mühe geb' ich mir doch,
mein heimliches Sinnen heuchelnd zu bergen,

(Mime, laut.)
und du dummer Bube deutest alles doch falsch!
Öffne die Ohren! Und vernimm genau!
Höre, was Mime meint.

(Wieder sehr freundlich.)
Hier nimm, und trinke dir Labung,
mein Trank labte dich oft:
tat'st du auch unwirsch, stelltest dich arg:
was ich dir bot – erbost auch – nahmst du doch immer.

Ohne eine Miene zu verziehen, erkundigt sich Siegfried nach dem vergifteten Trank.

(Siegfried.)
Einen guten Trank hätt' ich gern:
wie hast du diesen gebraut?

(Mime, laut und lustig scherzend.)
Hei! So trink' nur, trau' meiner Kunst!

(Mime, innere Absicht)
In Nacht und Nebel sinken die Sinne dir bald;
ohne Wach' und Wissen stracks streckst du die Glieder.
Liegst du nun da, leicht könnt' ich die Beute nehmen und bergen:
doch erwachtest du je, nirgends wär' ich sicher vor dir,
hätt' ich selbst auch den Ring.[270]

Drum mit dem Schwert, das so scharf du schufst,
hau' ich dem Kind den Kopf erst ab;

---

[270] Siehe *Rheingold* Tz 577–607, 775–781.

dann hab' ich mir Ruh' und auch den Ring!
Hihihihi-hihihihi-hihihi!

(Siegfried.)
Im Schlafe willst du mich morden?

Mimes wird ärgerlich und nervös.

(Mime, wütend ärgerlich.)
Was möcht' ich? Sagt' ich denn das?

(Mime, innere Absicht)
Ich will dem Kind nur den Kopf abhaun!
Denn hasste ich dich auch nicht so sehr,
und hätt' ich des Schimpfs und der schändlichen Mühe
auch nicht so viel zu rächen,
aus dem Wege dich zu räumen, darf ich doch nicht rasten:

wie käm' ich sonst anders zur Beute,
da Alberich auch nach ihr lugt?

Mime *macht sich nahe an Siegfried heran* und *reicht ihm jetzt mit widerlicher Zudringlichkeit* ein Trinkhorn, in das er den vergifteten Trank gegeben hat.

(Mime, innere Absicht.)
Nun, mein Wälsung!
Wolfssohn[271] *du!*
Sauf und würg' dich zu tot!
Nie tust du mehr 'nen Schluck!
Hihihihihi!

Siegfried holt mit dem Schwert aus und führt dann *wie in einer Anwandlung heftigen Ekels* einen jähen Streich nach Mime, der sogleich tot zu Boden stürzt.

(Siegfried.)
Schmeck' du mein Schwert,[272] *– ekliger Schwätzer!*

---

[271] Mime kennt nicht nur Siegfrieds Abstammung (siehe Tz 388–401), er weiß auch, dass Wotan mit einem Wolfsfell verkleidet Siegmund im Wald begleitete und Vater und Sohn sich kindhaft *Wölflinge* nannten; siehe *Walküre* Tz 86–108 sowie 115–122.

[272] Siehe *Götterdämmerung* Tz 1235.

Aus dem seitlichen Geklüft hört man Alberich höhnisch lachen.

(Alberichs Stimme.)
Hahahaha-hahahaha-hahahahaha!

Anders als nach dem erfolgreich bestandenen Drachenkampf hat Siegfried diesmal das Gefühl, alles richtig gemacht zu haben.

(Siegfried.)
Neides-Zoll zahlt Nothung:
dazu durft' ich ihn schmieden.[273]

Siegfried *rafft Mimes Leichnam auf*, trägt ihn zum Höhleneingang und wirft ihn dort hinein. Spöttisch ruft er dem Verblichenen nach, nun habe dieser den ersehnten Goldschatz gewonnen. Zu Siegfrieds Ironie gesellt sich eine gute Portion Häme des Textdichters über den ehrgeizigen Zwerg und dessen ahnungslosen Henker. Denn anders als Siegfried das annimmt, galt Mimes Gier nicht dem nutzlosen Gold in der Drachenhöhle, sondern dem Ring an Siegfrieds Hand, von dem der tote Mime in der Drachenhöhle so weit entfernt bleibt wie zu seinen Lebzeiten. Siegfrieds Ironie geht daher aus Unkenntnis ins Leere.

(Siegfried.)
In der Höhle hier lieg' auf dem Hort!
Mit zäher List erzieltest du ihn;
jetzt magst du des wonnigen walten!
Einen guten Wächter geb' ich dir auch,
dass er vor Dieben dich deckt.

Als *guten Wächter* vor Dieben wälzt Siegfried die Drachenleiche so vor den Eingang der Höhle, dass diese den Eingang ganz *verstopft*.

(Siegfried.)
Da lieg' auch du, dunkler Wurm!
Den gleißenden Hort hüte zugleich mit dem beuterührigen Feind:
so fandet beide ihr nun Ruh'.

Nach getaner Arbeit kehrt Siegfried in den Schatten der Linde zurück. Es ist Mittag geworden.

---

[273] Siehe dazu den betreffenden Passus in Siegfrieds *Hämmer-Lied* in Tz 755.

(Siegfried.)
Heiß ward mir von der harten Last.
Brausend jagt mein brünst'ges Blut!
Die Hand brennt mir am Haupt.

Hoch steht schon die Sonne;
aus lichtem Blau blickt ihr Aug' auf den Scheitel steil mir herab.
Linde Kühlung erkies' ich unter der Linde.

Siegfried streckt sich unter der Linde aus. Zunächst herrscht *große Stille*, dann erklingt wieder Waldweben im Orchester. Schweigend beobachtet Siegfried, wie die Vögel über ihm umherschwirren. Wie er ihr munteres Treiben sieht, fühlt er sich einsam. Er beklagt sein Alleinsein und bittet den Waldvogel, ihm bei der Suche nach einem guten Kameraden zu helfen; ihm selbst wolle die Suche nicht recht gelingen.

(Siegfried.)
Noch einmal, liebes Vöglein,
da wir so lang' lästig gestört,
lauscht' ich gerne deinem Sange:
auf dem Zweige seh' ich wohlig dich wiegen;
zwitschernd umschwirren dich Brüder und Schwestern,
umschweben dich lustig und lieb.

Doch ich – bin so allein,
hab' nicht Brüder noch Schwestern:
meine Mutter schwand, mein Vater fiel:
nie sah sie der Sohn.

Mein einz'ger Gesell war ein garstiger Zwerg;
Güte zwang uns nie zu Liebe;
listige Schlingen warf mir der Schlaue;
nun musst' ich ihn gar erschlagen!

Freundliches Vöglein, dich frage ich nun.
Gönntest du mir wohl ein gut Gesell?
Willst du mir das rechte raten?

Ich lockte so oft, und erlost' es mir nie.
Du, mein Trauter, träfst es wohl besser;
so recht ja rietest du schon.

Nun sing'! Ich lausche dem Gesang.

Der Waldvogel preist Brünnhilde als *herrlichstes Weib* an. Mit einem Werbetext, der uns in der *Götterdämmerung* zitatweise wiederbegegnen wird,[274] beschreibt der Waldvogel den von Wotans Bannfeuer umgebenen Walkürenfelsen. Schließlich kommt der Waldvogel zum Kern der Sache: wenn der junge Held das Feuer überwinde und Brünnhilde erwecke, sei sie seine Braut.

(Stimme des Waldvogels.)
Hei! Siegfried erschlug nun den schlimmen Zwerg!
Jetzt wüsst' ich ihm noch das herrlichste Weib:
auf hohem Felsen sie schläft,
Feuer umbrennt ihren Saal:
durchschritt' er die Brunst,
weckt' er die Braut,
Brünnhilde wäre dann sein.

Man fragt sich, was ein Jüngling, der noch nie eine Frau gesehen hat, dieser Anpreisung zielführend entnehmen kann. Im Opernfach offenbar genug, um einen ungestümen Drachentöter auf der Stelle in einen Verehrer zu verwandeln, der nicht mehr ganz Herr seiner Sinne ist. Denn *mit jäher Heftigkeit*, wie uns Wagners Regieanweisung wissen lässt, fährt Siegfried von seinem Sitz unter der Linde auf und bittet den Waldvogel um Auskunft, welches Gefühl ihm so unerwartet Herz und Sinne verwirrt.

(Siegfried.)
O holder Sang! Süßester Hauch!
Wie brennt sein Sinn mir sehrend die Brust!
Wie zückt er heftig, zündend mein Herz?
Was jagt mir so jach durch Herz und Sinne?
Sag' es mir, süßer Freund!

Siegfried ist der Liebe auf der Spur, die ihm noch so fremd ist wie die Furcht. Seiner Bitte, das unheimliche Gefühl in Worte zu fassen, entspricht der Waldvogel mit poetischen Worten, die wir Wagner kaum zuschreiben würden, wüssten wir nicht, dass sie aus seiner Feder stammen: was Liebe bedeutet, versteht nur, wer Liebe empfindet.

---

274 Siehe *Götterdämmerung* Tz 169–174, 311–317, 1243–1249.

(Der Waldvogel.)
Lustig im Leid sing' ich von Liebe.
Wonnig aus Weh' web' ich mein Lied:
nur Sehnende kennen den Sinn.

Das erste Mal in seinem Leben empfindet Siegfried eine Vorstufe von Furcht, nämlich einen Anflug von Selbstzweifeln. So befragt der unerschrockene Drachentöter den Waldvogel, ob es ihm wohl gelingen werde, die Flammen zu überwinden und die Braut zu erwecken.[275]

(Siegfried.)
Fort jagt mich's jauchzend von hinnen,
fort aus dem Wald auf den Fels!
Noch einmal sage mir, holder Sänger:
werd' ich das Feuer durchbrechen?
Kann ich erwecken die Braut?

Die Antwort des Waldvogels passt wie ein Schlüssel zu Wotans Bannspruch im Finale der *Walküre*.[276]

(Der Waldvogel.)
Die Braut gewinnt,
Brünnhild' erweckt ein Feiger nie:
nur wer das Fürchten nicht kennt.

Vor Entzücken auflachend begreift Siegfried, dass diese Beschreibung auf ihn gemünzt ist. Ohne zu wissen, was ihn erwartet, will er von Brünnhilde das Fürchten lernen.[277]

(Siegfried.)
Der dumme Knab', der das Fürchten nicht kennt,
mein Vöglein, der bin ja ich!
Noch heute gab ich vergebens mir Müh',
das Fürchten von Fafner zu lernen:
nun brenn' ich vor Lust, es von Brünnhild' zu wissen!
Wie find' ich zum Felsen den Weg?

---

[275] Siehe *Götterdämmerung* Tz 175.

[276] Siehe *Walküre* Tz 1428–1432 und 1456f.

[277] Siehe dazu Tz 1553–1555, 1564–1570 (mit Anspielung auf Tz 458f. und 526f.), 1636–1639, 1754–1761.

Der Vogel flattert auf, kreist über Siegfried und fliegt ihm nach einigem Hin und Her voraus.

(Siegfried, jauchzend.)
So wird mir der Weg gewiesen:
wohin du flatterst, folg' ich dir nach!

Siegfried folgt dem Vogel in den Hintergrund der Bühne. Der Vorhang fällt.

Dritter Aufzug

(Wilde Gegend am Fuße eines Felsenberges)

Vernichtet sei der Wahn, der Einem Gewalt gibt über Millionen, der Millionen untertan macht dem Willen eines Einzigen, der Wahn, der da lehrt: der Eine habe die Kraft, die Anderen alle zu beglücken. Das Gleiche darf nicht herrschen über das Gleiche, das Gleiche hat nicht höhere Kraft denn das Gleiche, und da ihr Alle gleich (seid), so will ich (die Revolution) zerstören jegliche Herrschaft des Einen über den Andern.[278]

Erste Szene

Der dritte Aufzug beginnt mit einem Orchesterstück, das laut Wagner in Tönen *den letzten Ritt Wotans* beschreiben soll, *der noch einmal in die Unterwelt hinabsteigt.*[279] Dort angekommen schreitet der Wanderer in einer wilden Gegend *bei Nacht, Sturm und Wetter, Blitz und heftigem Donner* am *Fuße eines Felsenberges* entschlossen auf ein gruftähnliches Höhlentor im Felsen zu. Die in verschiedener Hinsicht rätselhafte, für das Verständnis der inneren Dramaturgie der Tetralogie aber außerordentlich wichtige Szene knüpft an Erdas Auftritt im *Rheingold* und an die Besuche an, die Wotan der Urmutter allen Lebens hernach abseits der Bühne widmete.[280] Was Wotan und Erda damals über Wotans Wissensdurst und Zeugungsdrang hinaus miteinander verband, bleibt im Ungefähren. Auf beiden Seiten geblieben ist das Gefühl, das jeweilige Gegenüber habe die eigene vortrefflichste Stärke geschwächt. Erda beklagt, *Männertaten* würden ihre Weisheit trüben; Wotan will durch Erdas Warnungen seine Zuversicht[281] eingebüßt haben. So steht die musikalisch hochkomplex begleitete[282] Begegnung von Anbeginn

---

278 Richard Wagner, *Die Revolution* (1849).

279 So der Bericht von Heinrich Porges, *Die Bühnenproben*, Siegfried, S. 27.

280 In verschiedener Hinsicht Pate gestanden für die Gestaltung dieser Szene hat die Begegnung Odins mit einer Seherin in den *Götterliedern der älteren Edda* (*Balders Träume*).

281 Fricka würde von *Leichtsinn* sprechen; siehe *Rheingold* Tz 251.

282 Ab hier erreicht die Tonsprache der Tetralogie ein noch komplexeres Niveau als in den bisherigen Teilen. Dazu muss an dieser Stelle der knappe Hinweis genügen, dass Wagner die Kompositionsarbeiten am

unter keinem guten Stern – und so wird sie auch enden. Die Dissonanz zwischen dem obersten Gott und der göttlichen Urmutter wird durch die Struktur des Dialogs unterstrichen: die einzig substanzielle Frage, die Wotan an Erda richtet,[283] wird sie nicht beantworten; dafür beantwortet Wotan abschließend umso ausführlicher eine Frage, die Erda ihm nicht stellt.[284]

Auf seinen Speer gestützt, ruft der Wanderer Erda aus dem Schlaf. Die entscheidende Wirkung dieses Rufs geht erst aus der Antwort der Gerufenen hervor: Wotan zwingt Erda mit einem unwiderstehlichen Zauber aus der Tiefe ans Tageslicht.[285] Wer sie derart zwingt, teilt Wotan der widerwillig Vorgeführten nicht mit.

(Wanderer.)
Wache, Wala!
Wala! Erwach'!
Aus langem Schlaf weck' ich dich Schlummernde wach.

Ich rufe dich auf:
Herauf, herauf!
Aus nebliger Gruft, aus nächtigem Grunde herauf!

Erda! Erda!
Ewiges Weib!
Aus heimischer Tiefe tauche zur Höh'!

Dein Wecklied sing' ich, dass du erwachest;
aus sinnendem Schlafe weck' ich dich auf!

Ring nach dem zweiten Aufzug des *Siegfried* von 1858 bis 1868 für rund elf Jahre unterbrach, in denen er *Tristan und Isolde* sowie *Die Meistersinger von Nürnberg* schuf und seinen musikalischen Stil bemerkenswert ausdifferenzierte.

283 In Tz 1375.

284 Patrice Chéreau, *Der Ring 1976–1980,* S. 83 weist ironisch darauf hin, dass der Gott einer Allwissenden, die nichts weiß, Fragen stellt, deren Antworten er schon kennt.

285 Wagner soll die Szene anlässlich der Bühnenproben zur Bayreuther Uraufführung im Jahr 1876 so kommentiert haben: *Sie kann nur wieder in die Verborgenheit zurück, wenn Wotan es will;* Heinrich Porges, *Bühnenproben,* Siegfried, S. 28. Siehe dazu auch Wotans Zauberzwang gegenüber Loge im Finale der *Walküre,* dort Tz 1447–1455.

Allwissende!
Urweltweise!
Erda! Erda!
Ewiges Weib!
Wache, erwache, du Wala! Erwache!

Die Höhlengruft erdämmert. In bläulichem Lichtschein steigt Erda *sehr allmählich* aus der Tiefe empor. Nach Wagners – für das Textverständnis durchaus hilfreicher – Regieanweisung erscheint Erda *wie von Reif bedeckt; Haar und Gewand werfen einen glitzernden Schimmer von sich*. In ihren ersten Worten bekundet Erda ihren Unmut über die Störung und den *kräftigen Zauber*, den ihr Besucher auf sie ausübt. Sie erkundigt sich, wer ihren Schlaf stört. Das klingt, als käme nicht nur Wotan in Frage.

(Erda.)
Stark ruft das Lied;
kräftig reizt der Zauber.
Ich bin erwacht aus wissendem Schlaf:
wer scheucht den Schlummer mir?

Wotan stellt sich geheimnistuerisch als *Weckrufer* vor, der es verstehe, festen Schlaf zu beenden. Unter den vielen Bezeichnungen, die Wotan trägt oder die ihm beigelegt werden,[286] kommt dieser Tarnname einzig an dieser Stelle vor. Selbst Erda kann der Bezeichnung daher nicht entnehmen, wer ihr Besucher ist. Auf der Suche nach klugem Rat will der *Weckrufer* die Welt durchwandert[287] und festgestellt haben, dass Erda die klügste Ratgeberin auf Erden sei. Nach einer Reihe weihevoller Komplimente – eigentlich sollte die Klügste daran erkennen können, wer ihren Schlaf unterbrach – deutet Wotan sein Anliegen an: er kam, weil er weltkundigen Rat benötigt.

[286] Wotan, Gott, Lichtsohn, Lichtalbe, Wolfe, Wälse, Heervater, Siegvater, Walvater, Wanderer, Licht-Alberich, Weckrufer, Lenker der Schlacht, Streitvater, des Felsens Hüter, der Ewige, Allrauner. – Wagners Quelltexte waren in dieser Hinsicht noch freigiebiger; in der *Edda des Snorri Sturlus*on (Gylfis Täuschung) werden Odin (Wotan) im 27. Gesang mehr als 50 verschiedene Namen bzw. Eigenbezeichnungen zugeteilt.

[287] Siehe Tz 290–292, 300–302.

(Wanderer.)

Der Weckrufer bin ich,
und Weisen üb' ich, dass weithin wache,
was fester Schlaf verschließt.

Die Welt durchzog ich, wanderte viel,
Kunde zu werben, urweisen Rat zu gewinnen.

Kundiger gibt es keine als dich;
bekannt ist dir, was die Tiefe birgt,
was Berg und Tal, Luft und Wasser durchwebt:

wo Wesen sind, wehet dein Atem;
wo Hirne sinnen, haftet dein Sinn:
Alles, sagt man, sei dir bekannt.

Dass ich nun Kunde gewänne,
weck' ich dich aus dem Schlaf!

Erda reagiert unwillig. Ihr angestammtes Element ist der Schlaf. Im Schlaf träumt sie, im Träumen grübelt (*sinnt*) sie und ordnet sie ihr umfassendes Weltwissen. Wenn Erda schläft, wachen ihre drei Töchter, die Nornen, und weben Erdas Weltwissen in das Weltenseil ein. Weil die Nornen alles wissen, was Erda weiß, rät sie dem lästigen Störer, die Nornen zu befragen.

(Erda.)

Mein Schlaf ist Träumen,
mein Träumen Sinnen,
mein Sinnen Walten des Wissens.

Doch, wenn ich schlafe, wachen Nornen:
sie weben das Seil, und spinnen fromm, was ich weiß:
was frägst du nicht die Nornen?

Doch von Auskünften der Nornen verspricht sich Wotan nichts. Da die Nornen nur folgsam (*fromm*) am Weltenseil spinnen, wie Erda selbst sagte, sind diese dem Weltgeschehen unterworfen; den Lauf der Dinge beeinflussen können die Nornen nicht. Das aber ist Wotans Anliegen. Er möchte erfahren, wie in den Lauf des Weltgeschehens eingegriffen werden kann. Solchen Rat traut er einzig Erda zu.

(Wanderer.)
Im Zwange der Welt weben die Nornen,
sie können nichts wenden noch wandeln.
Doch deiner Weisheit dankt' ich den Rat wohl,[288]
wie zu hemmen ein rollendes Rad?

Erda antwortet nach einigem Zögern in einer Diktion, die klingt, als spräche sie zu einem Fremden über Wotan. Was sie ihrem Besucher mitteilt, zielt allerdings – souverän dessen fragende Bitte ignorierend – so pointiert auf Wotan und den Zwang, den er ihr einst bei seinen unerbetenen Besuchen antat,[289] dass einiges dafür spricht, dass Erda ihren Besucher inzwischen erkannt hat.[290] Ohne den leisesten Anklang eines Vorwurfs bedauert Erda, ihre Weisheit sei getrübt, seit Wotan sie einst *bezwungen* und mit ihr Brünnhilde gezeugt habe. Zu dieser angedeuteten „Rollenverteilung" passt, dass Erda das gemeinsame Kind allein als Wotans, nicht auch ihr eigenes *Wunschmädchen* bezeichnet. Nebenher erläutert Erda, warum Brünnhilde und deren Schwestern den Titel *Walküren* tragen: Wotan übertrug seinen Töchtern die von ihm als ehrenvoll verstandene Aufgabe, zu bestimmen (*zu küren*), welche Helden auf den irdischen Schlachtfeldern sterben müssen (*Wal*), um Walhalls Verteidigungsarmee zu verstärken. Erda wird wissen, warum sie dieser verbrecherischen Rekrutierungsstrategie unter Wotans Verfehlungen einen Ehrenplatz gönnt. Weiterhin abweisend empfiehlt sie ihrem Besucher, er möge *Erdas und Wotans weises Kind* konsultieren.

(Erda.)
Männertaten umdämmern mir den Mut;[291]
mich Wissende selbst bezwang ein Waltender[292] *einst.*[293]

---

[288] Doch dank deiner Weisheit könntest du mir wohl raten, ...

[289] Siehe *Walküre* Tz 604–614.

[290] Näher dazu und anders als der Verfasser der Ansicht, dass Erda ihren Besucher erst kurz vor dem Ende des Dialogs als Wotan erkennt: Torsten Meiwald, *Randbemerkungen*, S. 204f.

[291] Im großen *Prosaentwurf Der junge Siegfried* (1851) erklärt Erda an dieser Stelle weniger poetisch, aber wesentlich prägnanter: *Männertaten umdämmern mein Wissen*.

[292] Wotan.

[293] Siehe auch Brünnhildes Reaktion auf Siegfrieds amouröse Avancen in Tz 1698–1712; wobei nach Wotans in unangenehmen Dingen oft eher beschönigenden Angaben naheliegt, dass er sich – anders als Siegfried – ohne viele Worte gestattete und nahm, wonach ihm in Erdas Gegenwart der Sinn stand; siehe dazu auch Wotans eigenen Rückblick auf seine Besuche Erdas in *Walküre* Tz 604–614.

Ein Wunschmädchen[294] *gebar ich Wotan:*
der Helden Wal hieß für sich er sie küren.

Kühn ist sie und weise auch:
was weckst du mich
und frägst um Kunde nicht Erdas und Wotans Kind?

Wotan erklärt der Allwissenden, dass er Brünnhilde nicht um Rat fragen könne, weil Wotan – unverändert spricht auch er von sich in der dritten Person – Brünnhilde zur Strafe für Ungehorsam in einen Schlaf verbannt habe, aus dem die Verbannte nur erwachen werde, um einen Mann irdisch zu lieben. In wenigen Worten umreißt Wotan seine eigene und Brünnhildes Motivlage im zweiten Aufzug der *Walküre*. Brünnhilde widersetzte sich damals Wotans Befehl, Siegmund zu töten. Stattdessen tat sie, was Wotan am liebsten selbst getan hätte, sich aber, wie er – sein eigenes Handeln schonend erläuternd – hinzufügt, dem eigenen Empfinden zuwider selbst verboten habe: sie stritt für Siegmund. Wotan beschließt seinen Rückblick mit der rhetorischen Frage, ob er sich ratsuchend etwa an eine Schlafende wenden solle.

(Wanderer.)
Die Walküre meinst du, Brünnhild', die Maid?
Sie trotzte dem Stürmebezwinger[295]*,*
wo er am stärksten selbst sich bezwang:[296]

was den Lenker der Schlacht[297] *zu tun verlangte,*
doch dem er wehrte – zuwider sich selbst -,
allzu vertraut wagte die Trotzige, das für sich zu vollbringen,[298]
Brünnhild' in brennender Schlacht.[299]

---

[294] Brünnhilde.

[295] Wotan.

[296] Brünnhilde trotzte Wotan, als er sich unter Frickas Diktat gegen den eigenen Willen zwang, Brünnhilde zu befehlen, Hunding im Zweikampf gegen Siegmund beizustehen.

[297] Wotan.

[298] Eng vertraut mit Wotans eigenen Wünschen wagte Brünnhilde, so zu handeln, wie Wotan kraft seines Amtes als *Lenker der Schlacht* am liebsten selbst gehandelt hätte; siehe *Walküre* Tz 680–684, 1290–1313, 1332–1335.

[299] Brünnhilde tat im Zweikampf Siegmunds gegen Hunding, was Wotan am liebsten getan hätte, sich aber gegen seinen inneren Willen selbst versagte.

Streitvater[300] *strafte die Maid:*
in ihr Auge drückte er Schlaf;
auf dem Felsen schläft sie fest:
erwachen wird die Weihliche nur,
um einen Mann zu minnen als Weib.

Frommten mir Fragen an sie?

Erdas Antwort bereitet ihr gleich vernichtendes Endurteil über Wotans Verhalten vor. Der Auftakt ihrer Antwort wirkt befremdlich. Verwirrt rekapituliert Erda Wotans kurzen Bericht über Brünnhildes Verbannung. Wie es scheint, erfährt die Allwissende erst hier und jetzt von der immerhin zwanzig Jahre zurückliegenden, beispiellosen Befehlsverweigerung ihrer Tochter und deren spektakulärer Verbannung aus Walhall. Wie ist diese Wissenslücke einer Allwissenden zu erklären? Zwei Erklärungen bieten sich an. Dem Textdichter erlaubt die überraschende Wissenslücke einen dramaturgischen Kunstgriff: Erda kann vor unseren Augen und Ohren das viele Jahre zurückliegende Geschehen spontan wie eine Neuigkeit bewerten. Die zweite und werkimmanente Erklärung haben wir soeben aus Erdas Mund vernommen. Wie so manches Textdetail ist diese Erklärung leicht zu überhören, weil die monumentalen Ausmaße der Tetralogie verdecken, dass Wagner (auch) ein Meister der Miniatur[301] war. Wenn man berücksichtigt, dass im Vokabular des *Rings* der Begriff *„Mut“* auch für Weisheit, Lebensmut und Zuversicht steht,[302] so ist zu erahnen, was Erda ausdrücken wollte, als sie vorhin erklärte, *Männertaten* würden *ihren Mut umdämmern, seit Wotan sie bezwang.*[303] Diese Erklärung in Verbindung mit Erdas

300 Wotan.

301 Friedrich Nietzsche, Schriften für und gegen Wagner, S. 544: *Er ist ein Meister des ganz Kleinen. ... Verborgen, in sich selber verborgen, malt er seine eigentlichen Meisterstücke, welche alle sehr kurz sind, oft nur einen Takt lang, – da erst wird er ganz gut, groß und vollkommen, da vielleicht allein.* Diesem Votum schließt sich an: Pierre Boulez, *Der Ring, Bayreuth 1976–1980*, S. 15.

302 So etwa in *Rheingold* Tz 135, 294, 974, 1157 und *Götterdämmerung* Tz 137.

303 Siehe Tz 1338f. Will man handschriftlichen Notizen Wagners aus dem Frühjahr 1852 Bedeutung für das richtige Verständnis der finalen Textfassung der Ringdichtung zumessen, so bleibt kaum Platz für eine andere Deutung, als dass die *Bezwingung* Erdas durch Wotan kein milderes Prädikat verdient als das einer Vergewaltigung: *... er strebte der Wala nach, weiteres von ihr zu wissen; er übermannte sie endlich, um sich*

reifbedeckter Erscheinung[304] und ihrem krankhaft übersteigertem Wunsch, so schnell wie möglich in ihren offenbar schon zwei Jahrzehnte währenden Schlaf zurückzukehren, sprechen in herzlos vereinfachender Kürze dafür, dass Wotan die *bezwungene* Urmutter ähnlich fundamental versehrt zurückließ, wie er das laut dem Bericht der ersten Norn im Vorspiel der *Götterdämmerung* in grauer Vorzeit mit der Weltesche und der Quelle der Weisheit tat.[305] Wie Wotan derlei „Nebenfolgen" seines machtorientierten Werdegangs betrachtet, hat er im ersten Aufzug einem todgeweihten Zuhörer anvertraut – Mime: *Dorrt der Stamm, nie verdirbt doch der Speer,* lautete Wotans einprägsamer Wahlspruch auf Mimes Frage nach dem Geschlecht, das *auf wolkigen Höhen wohnt.* Das Siechtum der Weltesche stört Wotan offenbar nicht, solange der Speer funktioniert, den er dem Baum zerstörerisch entbrach.[306] Dieses Bild passt in vergleichbarer Form auf Erda: das Siechtum der Urmutter kümmert Wotan nicht, solange die Frucht ihrer Vergewaltigung (Brünnhilde) tut, was sich Wotan von seinem *Wunschmädchen* verspricht.

Ungläubig rekapituliert Erda in Frageform, was Wotan ihr berichtet. Während sie, *die wissende Mutter* schlief, wurde Brünnhilde strafend verbannt. Nach kurzer Besinnung verkündet sie dem Besucher ihr vernichtendes Urteil. In drei rhetorischen Fragen lässt Erda keinen Zweifel daran, wie sie Wotans Verhalten beurteilt. Sie versteht nicht, wie Wotan als Befürworter individueller Freiheit (*Trotz*) Brünnhildes in freier Entscheidung gereiften Widerstand (gegen sein Todesurteil über den eigenen Sohn) bestrafen konn-

---

ein Pfand von ihr zu gewinnen: sie gebar ihm Brünnhilde. Noch pointierter brandmarkt Wagner den Umgang Wotans mit der Urmutter allen Lebens im *Großen Prosaentwurf Die Walküre.* Dort bekennt Wotan eine Vergewaltigung mit dem erklärten Ziel, den Willen seines weiblichen Opfers zu brechen: *Wodan: tief in der Welt Schoos sucht' ich sie auf: zur Liebe zwang ich sie, dass ihres Wissens Stolz ich bräche.* Warum Wagner diese Darstellung in der gedichteten Endfassung der Tetralogie abgeschwächt hat, wissen wir nicht. Möglicherweise wollte Wagner, wie auch an anderen Textstellen, eine allzu genaue inhaltliche Festlegung vermeiden. Durch solche Unklarheiten bleibt im Text wie in der Musik Vieles in reizvoller Schwebe. Solche „Schwingungen" würden durch ein klares Geständnis des Täters oder eine dezidierte Anklage des Opfers zerstört.

304 Siehe die Regieanweisung nach Tz 1310.

305 Siehe *Götterdämmerung* Tz 10–22.

306 Siehe Tz 356–364 sowie Götterdämmerung Tz 10–22.

te.[307] Ebenso wenig versteht sie, warum Wotan Brünnhildes Versuch, Siegmunds Leben zu retten, bestrafte, obwohl Wotan diesen Rettungsversuch der ihm innig Vertrauten durch einen Einblick in seine innersten Wünsche selbst hervorrief.[308] Schließlich ist Erda fassungslos, dass Wotan als Hüter des Rechts und der Eide gegen geltendes Recht verstieß und durch Meineid herrscht.[309] Für Erda hat Wotan damit fundamental die eigenen Grundwerte der Götter verraten. Mit dem Urheber solcher Untaten will Erda nichts zu tun haben. Sie fordert Wotan auf, sie wieder hinabzulassen, damit sie ihr schwer erträgliches Wissen mit Schlaf betäuben kann.

(Erda.)
Wirr wird mir, seit ich erwacht:
wild und kraus kreist die Welt!
Die Walküre, der Wala[310] *Kind, büßt' in Banden des Schlafs,*
als die wissende Mutter schlief?

---

[307] Siehe *Walküre* Tz 672, 717–719, 1301–1308, 1329–1331.

[308] Siehe *Walküre* Tz 573–579, 1289, 1329–1331.

[309] Siehe *Rheingold* Tz 245–250, 320f., 1147f. und *Walküre* Tz 584f., 615–627. Den gravierenden Vorwurf, Wotan herrsche durch Meineid, begründet Erda nicht näher. Wotans nebulöses (Teil-)Geständnis im zweiten Aufzug der *Walküre* (siehe dort Tz 584f.) bietet in dieser Hinsicht kaum relevanten Erkenntnisgewinn. Doch wissen wir auch ohne solche Hilfestellung, dass und warum Erdas Vorwurf zutrifft. Beide Rettungspläne Wotans (sowohl der *Wälsungen*-Plan als auch der *Walküren*-Plan) basieren auf eklatanten Verstößen des Verfassungshüters gegen die göttlichen Gesetze. Was den *Wälsungen*-Plan betrifft, agiert Wotan bemerkenswert doppelzüngig. Während er sich nach außen vertragstreu geriert und im Gespräch mit Dritten gerne die für ihn unbequeme Seite von Vertragstreue beklagt (siehe etwa *Walküre* Tz 479–483, 643–650, 1433f. und Alberichs Vorhalte in *Siegfried* Tz 795–797 und 815–821), zieht Wotan zunächst mit Siegmund und später mit Siegfried in mafiöser Verschlagenheit unwissende Hoffnungsträger heran, die seinen Vertragspartner Fafner in mittelbarer Täterschaft (§ 25 Abs. 1 2.Alt. StGB) mit einer Waffe hinrichten sollen, die Wotan diesen jeweils zielgenau zuspielt. Nicht besser steht es um den *Walküren*-Plan, dessen perfide Konstruktion Wotan in der *Walküre* offenlegte (siehe dort Tz 615–627): die von den Göttern durch göttliches Recht zum Frieden verpflichteten Männer werden in Wotans Auftrag von den Walküren *zu rauhem Krieg* gegeneinander aufgehetzt, damit die Walküren die am tapfersten gefallenen Krieger auf den weltlichen Schlachtfeldern auflesen und als Rekruten für eine Schattenarmee nach Walhall verbringen können.

[310] Erda selbst.

Der den Trotz lehrte, straft den Trotz?
Der die Tat entzündet, zürnt um die Tat?
Der die Rechte wahrt, der die Eide hütet –
wehret dem Recht, herrscht durch Meineid?[311]

Lass' mich wieder hinab!
Schlaf verschließe mein Wissen!

Wotan ignoriert die Bitte und hält die weltenmüde Urmutter gewaltsam durch Zauber fest. Der virtuell Gefesselten hält er vor, ihre Warnung vor dem drohenden Ende der Götter[312] habe ihm seinen Mut genommen. Nun solle Erda ihm verraten, wie er neuen Mut gewinnen könne.[313] Sonderlich zuversichtlich wirkt Wotan bei dieser Frage nicht. Wäre er zuversichtlich, hätte er auch keinen Anlass, sich mit seiner Frage an das *weiseste Weib der Welt* zu richten, der allein er zutraut, ihm raten zu können, wie *ein rollendes Rad* aufgehalten werden kann.

(Wanderer.)
Dich Mutter lass' ich nicht ziehn,
da des Zaubers mächtig ich bin.

Urwissend stachest du einst
der Sorge Stachel in Wotans wagendes Herz:[314]

---

[311] Im großen *Prosaentwurf Der junge Siegfried* zielt Erdas dritter Vorwurf noch nicht auf allgemeinen Rechtsbruch, sondern – vermutlich mit Blick auf Wotans Vorliebe für Ehebruch (siehe dazu *Rheingold* Tz 262–280) auf Wotans Todesurteil für den Ehebrecher Siegmund: *Der die Ehe bricht, züchtigt um Ehebruch.*

[312] Siehe *Rheingold* Tz 1058–1061, 1069–1073 und noch konkreter *Walküre* Tz 604–611 und 616–618.

[313] Bei dieser Aufforderung setzt Wotan wortlos zweierlei voraus: zum ersten, dass der Untergang der Götter überhaupt noch abgewendet werden kann; zum zweiten, dass Erda weiß, wie das möglich wäre. Vor allem die erste Voraussetzung irritiert. Denn wie wir gleich aus Wotans Munde erfahren werden, will Wotan das Ende der Götter inzwischen gar nicht mehr abwenden, sondern selbst herbeiführen; siehe Tz 1384f. Im Übrigen eröffnet Wotans Bitte eine interessante Gegenparallele: während Siegfried soeben unterwegs ist, das Fürchten zu lernen, will Wotan seinen Mut zurückgewinnen. Beides wird tragisch misslingen.

[314] Mit deinem Urwissen (deinen fundierten Warnungen) nahmst du mir einst meine Zuversicht.

mit Furcht vor schmachvoll feindlichem Ende
füllt' ihn dein Wissen, dass Bangen band seinen Mut.

Bist du der Welt weisestes Weib, sage mir nun:
wie besiegt die Sorge der Gott?

Erda weicht der Frage aus. Weniger, dass sie dieser Frage ausweicht als die Art, wie sie das tut, ist bemerkenswert. Erda verlässt die Sachebene des Gesprächs und zieht – bildhaft gesprochen – dem Gesprächspartner den roten Teppich unter den Füßen weg, den dieser in seiner Fragestellung vor den eigenen Füßen ausgerollt hat. Wie es Wotans zwar angegriffenem, unverändert jedoch elitärem Selbstverständnis entspricht, hat er seine entscheidende Frage in der von ihm selbst als gehoben empfundenen Qualität als *Gott* gestellt (*Wie besiegt die Sorge der Gott?*). Die Berechtigung dieser Qualifikation spricht Erda dem Fragesteller nun ab (*Du bist nicht, was du dich nennst!*). Aus dieser Disqualifikation des Fragers ergibt sich für Erda alles Weitere: da Wotan nicht mehr der ist, in dessen Namen er seine Frage gestellt hat – für Erda ist Wotan kein Gott mehr, sondern nur noch ein *störrischer Wilder* –, hat Wotan auch keine Antwort verdient. Den Grund für ihre vernichtende Kritik hat Erda schon genannt: Wotans widersprüchliches, rechtsbrüchiges und meineidiges Verhalten ist eines Gottes nicht würdig.

(Erda.)
Du bist – nicht, was du dich nennst!
Was kamst du, störrischer Wilder, zu stören der Wala Schlaf?

Wotan kontert die fundamentale Kritik an seinem Verhalten mit einem Lehrsatz, der Wagners Nähe zur Philosophie Schopenhauers verrät: der menschliche Wille zählt mehr als bloße Erkenntnis.[315]

---

[315] Das klingt nach Schopenhauer, ist aber Wagner. Mit Schopenhauers Werken und insbesondere mit Schopenhauers Hauptwerk *Die Welt als Wille und Vorstellung* kam Wagner erst im Jahr 1854 in Berührung, nachdem er den Ring-Text 1852/53 fertiggestellt hatte; siehe Richard Wagner, *Mein Leben,* S. 523: *Ich blickte auf mein Nibelungen-Gedicht und erkannte zu meinem Erstaunen, dass das, was mich jetzt in der Theorie so befangen machte, in meiner eigenen poetischen Konzeption mir längst vertraut geworden war. So verstand ich erst selbst meinen Wotan und ging nun erschüttert von neuem an das genauere Studium des Schopenhauerschen Buches* (gemeint: *Die Welt als Wille und Vorstellung*). Laut einer Tagebucheintragung von Cosima Wagner vom 29. März 1878 soll Wagner zu Wotans Aufbäumen während der Begegnung mit

Darum hält Wotan der viel wissenden, aber auch viel schlafenden Urmutter entgegen, dass ihre Weisheit vor seinem Willen vergehen werde.

(Wanderer.)
Du bist nicht, – was du dich wähnst!
Urmütter-Weisheit geht zu Ende:
dein Wissen verweht vor meinem Willen.

Das sind und das bleiben die unversöhnlichen Schlussworte zwischen Wotan und Erda. Was darauf noch folgt, ist ein Monolog, in dem der – bekennend der Tat huldigende – Obergott der Urmutter in seltener, allerdings auch diesmal nicht rückhaltloser Offenheit zuruft, was ihn einst bewegte und heute bewegt.[316]

(Wanderer.)
Weißt du, was Wotan will? –
Dir Urweisen[317] *ruf' ich's in's Ohr,*
dass sorglos ewig du nun schläfst!

Wotan eröffnet diesen Monolog mit seinem Fazit: Erdas einstige Warnungen bereiten ihm keine Sorge mehr. Das Ende der Götter, das er lange um jeden Preis – etwa um den von Siegmunds Leben – vermeiden wollte, dann resignierend als unausweichlich akzeptierte, ist inzwischen sein Ziel. Wie Wagner in einem Brief an seinen Freund Röckel erläuterte,[318] hat sich Wotan inzwischen *zu der tragischen Höhe aufgeschwungen, seinen* (und aller Götter) *Untergang zu wollen.*[319] Ganz am Anfang dieser Entwicklung stand Wotans Machtgier. Diese erfuhr durch seine Niederlage im Streitgespräch

---

Siegfried im dritten Aufzug des *Siegfried* erklärt haben: *Ich bin überzeugt, Schopenhauer würde sich geärgert haben, dass ich dies gefunden, bevor ich seine Philosophie gekannt.* Weiterführend zu dieser Thematik etwa: Udo Bermbach, *Alles ist nach seiner Art,* S. 5; Hartmut Reinhardt in: Müller/Wapnewski, *Wagner Handbuch,* S. 109f. sowie Claus-Dieter Osthövener in: Lütteken (Hrsg.), *Wagner Handbuch,* S. 183f.

316 Zur Unvollständigkeit von Wotans Darstellung seiner Absichten siehe die Anmerkungen nach Tz 821.

317 In Wagners reinen Textausgaben lautet die Stelle: *Dir Unweisen.* Beide Versionen haben ihre Meriten.

318 So Richard Wagner in seinem *Brief an August Röckel* vom 25./26. Januar 1854.

319 Warum Wotan Erda gleichwohl zunächst darum bat, ihm zu erklären, wie ein rollendes Rad (das Weltgeschehen und der sich abzeichnende Untergang der Götter) gehemmt werden könnten, gibt er nicht preis.

mit Fricka[320] einen ersten empfindlichen Dämpfer. In seinem darauffolgenden Selbstgespräch vor Brünnhilde verfiel Wotan in eine *verzweifelte Situationsdepression*,[321] die ihn vorübergehend *das Ende* herbeiwünschen ließ.[322] Dieser Ausbruch gipfelte im sogenannten Nibelungen-Segen,[323] den Wotan nun rückblickend mit *wütendem Ekel* (man ist versucht, erläuternd hinzuzufügen: wohl auch über sein eigenes Nachgeben gegenüber Fricka) erklärt und implizit widerruft. Weihte er die Welt einst im Affekt dem Nibelungen-Sohn, setzt Wotan nun Siegfried zu seinem Erben ein.

(Wanderer.)
Um der Götter Ende grämt mich die Angst nicht,
seit mein Wunsch es will.

Was in des Zwiespalts wildem Schmerze
verzweifelnd einst ich beschloss,
froh und freudig führe frei ich nun aus.

Weiht' ich in wütendem Ekel des Niblungen Neid schon die Welt;[324]
dem herrlichsten Wälsung weis' ich mein Erbe nun an.

In Hoffnung auf eine profunde Erneuerung will Wotan dem jugendlichen Helden *in Wonne weichen*. Den eigenen Untergang und den seiner göttlichen Artgenossen verbindet Wotan mit einer etwas überraschenden Hoffnung, deren Quelle er leider für sich behält: der Ringfluch, hofft Wotan, könne Siegfried nichts anhaben, da der junge Held liebesfroh, genügsam (*ledig des Neides*) und furchtlos sei.[325]

(Wanderer.)
Der von mir erkoren, doch nie mich gekannt,
ein kühnster Knabe, bar meines Rates,
errang den Niblungenring.

---

320 Siehe *Walküre* Tz 407–554.

321 Udo Bermbach, *Alles ist nach seiner Art*, S. 40ff.

322 Siehe *Walküre* Tz 685–702.

323 Siehe *Walküre* Tz 700–702.

324 Im sogenannten Nibelungen-Segen; siehe *Walküre* Tz 700–702.

325 Im gleichen Sinne, allerdings aus gegenteiliger Perspektive, nämlich in Sorge um die Reichweite der Fluchwirkung des Rings statt in der Hoffnung auf Siegfrieds Immunität gegen den Ringfluch, wird sich ebenfalls ohne nähere Begründung in der *Götterdämmerung* der geträumte Alberich gegenüber Hagen äußern; siehe dort Tz 598–607.

Liebesfroh, ledig des Neides,[326]
erlahmt an dem Edlen Alberichs Fluch:
denn fremd bleibt ihm die Furcht.[327]

Werkimmanent ist diese Hoffnung Wotans kaum schlüssig zu erklären. Nach Alberichs Worten im *Rheingold* soll der Ringfluch auch solche Ringbesitzer treffen, die das Machtpotential des Rings nicht eigennützig abrufen (*ohne Wucher*).[328] Schon gar nicht ist dem Ring-Text an einem der vier Abende zu entnehmen, aus welchem Grund ein furchtloser Ringträger dem Ringfluch per se zuverlässig entgehen sollte. Siegfrieds Tod im dritten Aufzug der *Götterdämmerung* legt ein anderes und nach irdischer Erfahrung lebensnäheres Ergebnis von Wagners Versuchsanordnung auf der Bühne nahe: fremde Gier ist in menschlicher Gesellschaft nicht minder gefährlich als eigene Gier. Warum Wotan gleichwohl an dieser Stelle meint, aus Siegfrieds Furchtlosigkeit Hoffnung schöpfen zu dürfen, überrascht auch insoweit, als Wotan, seit er die Bühne betrat, in eigener Sache niemals darauf gesetzt hat, blanke Furchtlosigkeit schütze vor externen Gefahren.[329] Was also, darf man fragen, ist an dieser Textstelle in Wotan gefahren? Eine denkbar passende Antwort erteilte Wagner seinem Freund August Röckel in einem Brief vom 24./25. Januar 1854. Wie aus diesem Brief hervorgeht, hielt Wagner die Angst vor dem Tod für die Quelle aller irdischen Lieblosigkeit:

> *Wir müssen sterben lernen, und zwar sterben im vollständigsten Sinne des Wortes; die Furcht vor dem Ende ist der Quell aller Lieblosigkeit.*

Unter dieser eigenwilligen Prämisse gab Wagner dem Freund zum Verständnis von Siegfrieds Mission mit auf den Weg, dass Siegfried

---

[326] In beider Hinsicht ist Siegfried ein positives Spiegelbild Alberichs.

[327] Diese Überlegung Wotans muss man mit einem Blick auf Siegfrieds Begegnung mit den Rheintöchtern im dritten Aufzug der *Götterdämmerung* nicht uneingeschränkt teilen. Ein wenig Furcht könnte Siegfried in dieser Begegnung durchaus helfen, ohne dass ihn deswegen unbedingt der Ringfluch ereilen müsste. Mit den wohl aufrichtigen Warnungen der Rheintöchter kann Siegfried ausgerechnet wegen der Furchtlosigkeit nichts anfangen, von der sich Wotan an dieser Textstelle schützende Wirkung verspricht.

[328] Siehe *Rheingold* Tz 938f. und 946f.

[329] Siehe *Rheingold* Tz 294–296, 1118–1121, 1147–1150 und *Siegfried* Tz 1370–1375.

das Höchste wisse, weil dieser einem Leben in Furcht den Tod vorziehe:

> *Er* (Siegfried) *weiß das Höchste, dass der Tod*
> *besser ist als Leben in Furcht.*

Diese zwar im Ansatz, in der von Wagner gewählten extremen Ausprägung und Personenzuordnung[330] jedoch nicht zwingend einleuchtende These wird uns in der *Götterdämmerung* noch zweimal wiederbegegnen.[331] In anderer Hinsicht beurteilt Wotan die Weltlage bemerkenswert nüchtern und realistisch: nicht auf Siegfried, sondern auf Brünnhilde ruht Wotans Hoffnung auf Erlösung. Seinem Enkelsohn traut er zwar zu, Brünnhilde zu erreichen und zu erwecken. Die *erlösende Weltentat* erwartet Wotan aber nicht von Siegfried, sondern von Brünnhilde (*wachend wirkt dein wissendes Kind erlösende Weltentat.*). In dieser Hoffnung, die Erda nicht weiter kommentiert, schickt Wotan die Urmutter in ewigen Schlaf, während Siegfried naht.

(Wanderer.)
Die du mir gebarst, Brünnhild' weckt sich hold der Held:
wachend wirkt dein wissendes Kind erlösende Weltentat[332].

D'rum schlaf' nun du, schließe dein Auge,
träumend erschau' mein Ende!

---

[330] Neben anderem überrascht, dass Wagner diesen Gedanken ausgerechnet den beiden Realpolitikern Wotan und Alberich sowie dem betont unreflektierten Siegfried in den Mund legt.

[331] Das erste Mal kehrt dieser Gedanke wieder, wenn den von Hagen geträumten Alberich unter umgekehrtem Vorzeichen die Sorge quält, der Ringfluch könne dem furchtlosen Siegfried nichts anhaben (*Götterdämmerung* Tz 598–607). Das zweite Mal prägt dieser Gedanke das Bühnengeschehen, wenn Siegfried den Rheintöchtern im dritten Aufzug der *Götterdämmerung* anhand einer Erdscholle, die er in hohem Bogen weit von sich schleudert, demonstriert, wie wenig ihm das eigene Leben bedeutet (*Götterdämmerung* Tz 1099–1122). Diese Wurfübung wird die Rheintöchter von Siegfrieds Unbelehrbarkeit überzeugen und Siegfrieds Tod besiegeln.

[332] Wotan ahnt oder er sieht sogar voraus, dass nicht Siegfried den Ring in den Rhein zurückgeben wird. Er glaubt offenbar selbst nicht (mehr) an einen guten Ausgang seines Wälsungen-Plans. Nicht ein freier Mensch, sondern eine halbwissende Ex-Göttin soll und wird den Ringfluch im Finale der *Götterdämmerung* tilgen. Zu den Hintergründen von Wotans undeutlicher Wortwahl siehe die Erläuterungen nach Tz 821.

Was Jene auch wirken,
dem ewig Jungen weicht in Wonne der Gott.

Hinab denn, Erda!
Urmütter-Furcht!
Ur-Sorge!
Hinab! Hinab, zu ew'gem Schlaf!

Erda, die ihre Augen verschlossen hat und allmählich tiefer gesunken ist, verschwindet gänzlich. Die Höhle ist wieder ganz finster geworden.

Was gäbe es dichterisch Schöneres und Tieferes als Wotans Verhältnis zu Siegfried, die väterlich spottende und überlegene Neigung des Gottes zu seinem Vernichter, die Liebesabdankung der alten Macht zugunsten des Ewig-Jungen?[333]

Zweite Szene

Monddämmerung erhellt die Bühne; der Sturm hat sich gelegt. Mit dem Rücken an das Gestein der Felsenhöhle gelehnt, erwartet der Wanderer Siegfried.

(Der Wanderer.)
Dort seh' ich Siegfried nahn.

Der Waldvogel flattert in den Vordergrund. Sobald er den Wanderer bemerkt, flattert der Vogel ängstlich hin und her und verschwindet hastig im Hintergrund. Siegfried tritt auf und hält an.

(Siegfried.)
Mein Vöglein schwebte mir fort.
Mit flatterndem Flug und süßem Sang wies es mich wonnig des Weg's;
nun schwand es fern mir davon!
Am besten find' ich mir selbst nun den Berg:
wohin mein Führer mich wies, dahin wandr' ich jetzt fort.

Als Siegfried den Wanderer passieren will, ohne diesen zu bemerken, spricht Wotan seinen Enkel an. Wie schon bei anderer Gelegenheit tut Wotan, als wisse er nicht, wen er vor sich hat.[334] Auch gibt er vor, Siegfrieds Ziel nicht zu kennen. Wotans doppeldeutige Grußfrage – sie passt auf Siegfrieds äußeren Weg ebenso wie auf dessen inneres Anliegen – eröffnet einen Dialog zwischen zwei Fremden, die sich – jeder auf seine Art – für etwas Besseres halten als den Gesprächspartner.

(Wanderer.)
Wohin, Knabe, heißt dich dein Weg?

---

[333] Thomas Mann, *Richard Wagner und der ‚Ring des Nibelungen'*, Vortrag 1937.

[334] Siehe Tz 771f.

(Siegfried, still für sich.)
Da redet's ja?
Wohl rät das mir den Weg?

(Siegfried, zum Wanderer.)
Einen Felsen such' ich, von Feuer ist der umwabert;
dort schläft ein Weib[335]*, das ich wecken will.*

Wotan kennt den Weg und könnte leicht aushelfen.[336] Doch anders als seine Abschiedsworte an Erda klangen, möchte Wotan dem Jüngling nicht weichen. Mit fünf Fragen, die er sämtlich besser beantworten könnte als der Befragte, lenkt Wotan das Gespräch in einer Melange aus Eitelkeit und Wehmut auf seine Beiträge zu Siegfrieds Werdegang. Die erste der schrittweise in die Vergangenheit zielenden Fragen ist ein weiteres Indiz für Wotans Nähe zum Waldvogel. Eine Randnotiz wert ist auch Siegfrieds Antwort auf die Frage des Wanderers, wer den Drachenkampf initiierte. Erneut legt Siegfried Wert darauf, dass Fafner diesen Kampf eröffnete.

(Wanderer.)
Wer sagt' es dir, den Fels zu suchen?
Wer, nach der Frau dich zu sehnen?

(Siegfried.)
Mich wies ein singend Waldvöglein,
das gab mir gute Kunde.

(Wanderer.)
Ein Vöglein schwatzt wohl manches;
kein Mensch doch kann's verstehn:
wie mochtest du Sinn dem Sang entnehmen?

(Siegfried.)
Das wirkte das Blut eines wilden Wurms,
der mir vor Neidhöhl' erblasste:
kaum netzt' es zündend die Zunge mir,
da verstand ich der Vöglein Gestimm'.

---

[335] Hat Siegfried das schon ganz vergessen, wenn er nachher Brünnhildes Brünne öffnet und erschrocken feststellt, dass eine Frau vor ihm liegt? Siehe dazu Tz 1552–1557 und 1569f.

[336] Siehe Tz 1502–1512.

(Wanderer.)
Erschlugst den Riesen du,
wer reizte dich, den starken Wurm zu besteh'n?

(Siegfried.)
Mich führte Mime, ein falscher Zwerg;
das Fürchten wollt' er mich lehren:
zum Schwertstreich aber, der ihn erstach,
reizte der Wurm mich selbst: seinen Rachen riss er mir auf.

(Wanderer.)
Wer schuf das Schwert so scharf und hart,
dass der stärkste Feind ihm fiel?

(Siegfried.)
Das schweißt' ich mir selbst, da's der Schmied nicht konnte:
schwertlos noch wär' ich wohl sonst.

Die fünfte Frage des Wanderers führt zum offenen Konflikt. Wotan erkundigt sich nach dem ursprünglichen Hersteller Nothungs. Da er selbst dieser Schöpfer ist, stellt Wotan damit in verkappter Form die Gottesfrage. Siegfrieds vordergründig naive Antwort entfaltet einen existenzialistischen Beiklang: der Ursprung der Dinge, den er nicht kennt, interessiert den Jüngling nicht; Siegfried genügt die Einsicht, dass die Bruchstücke ihm nichts nützten.

(Wanderer.)
Doch, wer schuf die starken Stücken,
daraus das Schwert du dir geschweißt?

(Siegfried.)
Was weiß ich davon?
Ich weiß allein, dass die Stücken nichts mir nützten,
schuf ich das Schwert mir nicht neu.

Die naiv wirkende Antwort schlägt thematisch einen Bogen zurück zu Wotans Abschiedsgruß von Erda: ähnlich wie Erdas Wissen vor Wotans Willen verwehen wird,[337] wird gleich Wotans Wille durch Siegfrieds Tatendrang fortgefegt werden. Wohl weil er sich in Siegfrieds pragmatischer Weltsicht wiedererkennt, bricht Wotan in ein *freudig gemütliches Lachen* aus. Siegfried fühlt sich ausgelacht und wird grob. Er will nicht länger mit dem lästigen Fremden schwat-

[337] Siehe Tz 1380.

zen; entweder soll der Wanderer ihm den Weg zeigen oder den Mund halten.

(Wanderer.)
Das mein' ich wohl auch!

(Siegfried.)
Was lachst du mich aus?
Alter Frager! Hör' einmal auf,
lass' mich nicht länger hier schwatzen.
Kannst du den Weg mir weisen, so rede:
vermagst du's nicht, so halte dein Maul!

Wotans altväterliche Mahnung, Siegfried möge dem Alter gebührend Achtung zollen,

(Wanderer.)
Geduld, du Knabe!
Dünk' ich dich alt, so sollst du Achtung mir bieten.

kommt bei Siegfried nicht gut an. Zu lange schon stand ihm Mime im Weg. Siegfried droht: wenn der Wanderer den Weg nicht endlich freigibt, werde dieser Mimes Schicksal teilen. Er tritt näher an den Wanderer heran und bekrittelt dessen äußere Erscheinung.[338]

(Siegfried.)
Das wär' nicht übel!
So lang' ich lebe, stand mir ein Alter stets im Wege,
den hab' ich nun fort gefegt.

Stemmst du dort länger steif dich mir entgegen,
sieh' dich vor, sag' ich, dass du wie Mime nicht fährst!

(Er tritt näher an den Wanderer heran.)

Wie siehst du denn aus?
Was hast du gar für 'nen großen Hut?
Warum hängt er dir so ins Gesicht?

Wotan antwortet gelassen und doppelsinnig. In seiner Antwort klingt an, wie schwer es ihm fällt, den Rückzug anzutreten, den er

---

[338] Siehe *Rheingold* Tz 23, 74–76, 106–112.

vorhin gegenüber Erda ankündigte *(dem ewig Jungen weicht in Wonne der Gott.)*.[339]

(Wanderer.)

Das ist so Wand'rers Weise, wenn dem Wind entgegen er geht.

Unberührt von Wotans feinsinnigem Humor setzt Siegfried seine billige Kritik am Erscheinungsbild des Wanderers fort.

(Siegfried.)

Doch darunter fehlt dir ein Auge?
Das schlug dir einer gewiss schon aus,
dem du zu trotzig den Weg vertratst?
Mach dich jetzt fort,
sonst könntest du leicht das and're auch noch verlieren.

Wotans knappe Antwort ist zweigeteilt. Im ersten Teil bespöttelt er mit wohlwollender Ironie, was schon Mime faszinierte: Siegfrieds furchtlos pragmatischer Umgang mit Dingen und Zusammenhängen, von denen er nichts oder nicht viel versteht.[340] Den zweiten Teil seiner Antwort spricht Wotan zwar vernehmlich aus, aber eigentlich nur zu sich selbst. Denn Wotan kann und wird nicht erwarten, dass der Naturbursche – erkennbar kein Kenner Wagnerscher Dichtkunst – auch nur ein Wort der rätselhaften Botschaft versteht; selbst Nietzsche gab sich gegenüber Cosima ratlos.[341]

(Wanderer.)

Ich seh', mein Sohn,
wo du nichts weißt,
da weißt du dir leicht zu helfen.

Mit dem Auge,
das als and'res mir fehlt,
erblickst du selber das eine,
das mir zum Sehen verblieb.

Der zweite Satz des Wanderers bedeutet: *Mit dem Auge, das mir fehlt, siehst du das Auge, das mir blieb.* Oberflächlich mag man das als Hinweis auf Siegfrieds Abstammung von Wotan verstehen: sein

---

[339] Siehe Tz 1399–1402.

[340] Siehe Tz 588–596.

[341] Ebenfalls ratlos: Peter Wapnewski, *Der Ring*, S. 207f.

fehlendes Auge opferte Wotan für einen Trank aus der Quelle der Weisheit.[342] Dank dieses Tranks konnte sich Wotan die Welt unterwerfen. Und als Herrscher der Welt griff Wotan nach dem Ring, traf er Erda und zeugte auf deren Warnung vor dem Untergang der Götter die Wälsungen, Siegfrieds Eltern. So gesehen verdankt Siegfried seine Existenz genealogisch (ziemlich) indirekt Wotans fehlendem Auge. Ins Poetische gewendet, könnte man die Begegnung von Großvater und Enkel daher dahin beschreiben, dass Siegfried als Nachkomme des fehlenden Auges mit seinen eigenen Augen soeben das Auge erblickt, das Wotan geblieben ist. Doch in Wotans Augensatz steckt mehr als pure Abstammungslehre. In diesem Satz verbindet Wotan rückblickende Selbstkritik mit vorausschauender Hoffnung. Seine Gespräche mit Fricka und Brünnhilde[343] sowie der Verlust seiner beiden Lieblingskinder Siegmund und Brünnhilde haben Wotans Blick für die eigenen Schwächen und Verfehlungen geöffnet.[344] Wotan hat erkannt, dass ihn der Trank aus der Quelle der Weisheit zwar mit den Herrscher-Qualitäten ausstattete, die es ihm – seither im übertragenen Sinne auf einem Auge blind für andere Belange als die eigenen (Macht-)Interessen – erlaubten, sich die Welt skrupellos zu unterwerfen.[345] Doch hat Wotan inzwischen auch den Preis für seine einseitige Machtorientierung erfasst. So naiv und liebeshungrig, wie Siegfried ihm gegenübersteht, sieht Wotan in seinem Enkel (allzu) hoffnungsvoll einen Helden, der – wie er selbst vor dem besagten Quelltrunk – ohne egoistische Halbblindheit nicht allein die eigene Macht und eigenen Reichtum, sondern mit beiden Augen stets auch die Belange Anderer im Blick behält.[346]

---

342 Siehe *Götterdämmerung* Tz 12–16 und die Anmerkungen zu Wotans fehlendem Auge in *Rheingold* nach Tz 276.

343 Siehe *Walküre* Tz 407–554 sowie 569–735.

344 Siehe *Götterdämmerung* Tz 426–460.

345 Siehe *Walküre* Tz 580–585 sowie Deryck Cooke, *The World End,* S. 261f.

346 So auch Carl-Heinz Mann, *Gerechtigkeit für Wotan,* S. 45 sowie Roger Scruton, *Ring of Truth,* S. 112. Siehe dazu auch Siegfrieds bekenntnishafte Wurfübung in seiner Begegnung mit den Rheintöchtern in *Götterdämmerung* Tz 1114–1118. – So verstanden ähnelt die *Ringhandlung*, ordnet man sie (anders als Wagner sie auf der Bühne präsentiert) chronologisch, einer gewaltigen Faustparabel (so auch Ernst Meinck, *Sagenwissenschaftliche Grundlagen*, S. 71f.): der junge Wotan verschreibt sich mit einem Trank aus der Quelle der Weisheit skrupellosem Machgewinn. Blind für das Gute und (Nächsten-)Liebe, unterwirft er sich *trugvoll* die Geschlechter auf der Erde (siehe *Walküre* Tz 500–585 und *Siegfried* Tz 356–364). Um weithin sichtbar seine Macht zu demonst-

Siegfried lacht sein völliges Unverständnis über die merkwürdige Antwort des Wanderers weg. Ungeduldig drängt er den lästigen Alten, ihm den richtigen Weg zu zeigen. Sonst will er ihn *wegsprengen*.[347]

(Siegfried.)
Hahahaha!
Zum Lachen bist du mir lustig!
Doch hör', nun schwatz' ich nicht länger:
geschwind, zeig' mir den Weg,

deines Weges ziehe dann du;
zu nichts and'rem acht' ich dich nütz':
drum sprich, sonst spreng' ich dich fort!

Nach allem, was er Erda vorhin im Abschied zurief, müsste Wotan dem drängelnden Jüngling spätestens auf dieses Ultimatum *in Wonne weichen*.[348] Doch Wotan tut das Gegenteil. Aus Gründen, über die viel gerätselt wird, versperrt Wotan den Weg und provoziert einen Kampf. Seinen Widerstand wird Wotan gleich mit einer Sorge begründen, die ihn begleitet, seit er im *Rheingold* die Bühne betrat. Wotan gibt an, er befürchte, für immer seine Macht zu verlieren, ließe er Siegfried passieren.[349] Nimmt man dieses Statement für bare Münze, erklärt es wenig. Denn eben erst erhob Wotan seinen Machtverlust zu seinem neuen Ziel.[350] Sucht man nach anderen Motiven, mag es Wotan ganz menschlich ergehen wie vielen: es ist leichter, einen Rückzug anzukündigen, als ihn anzutreten. Werkimmanent kommt hinzu: laut dem Bannspruch, den er im Finale

---

rieren, lässt Wotan durch die Riesen die Burg Walhall errichten (siehe *Rheingold* Tz 229–232, 235–239). Das protzige Bauwerk bezahlt er mit Raubgold. In seiner Erleichterung über seinen gelungenen Raubzug in der Unterwelt übersieht Wotan, dass er in seiner Gier die Grundlage der Götterherrschaft, nämlich den Glauben seiner Untertanen an die unverbrüchliche Verbindlichkeit göttlicher Versprechen und Zusagen, zerstört hat. In zwei zweifelhaften Rettungsversuchen opfert Wotan erst einen Sohn (Siegmund) und dann einen Enkel (Siegfried). Seiner Tochter Brünnhilde, der Frucht einer Vergewaltigung der Urmutter allen Lebens, Erda, gelingt es im Finale der *Götterdämmerung*, die Welt von den Göttern zu erlösen. Der finale Weltenbrand ist darum keine Katastrophe, sondern eine Befreiung.

[347] Zu diesem Ausdruck siehe schon Siegfrieds Ausdruckweise in Tz 949.

[348] Siehe Tz 1400–1402.

[349] Siehe Tz 1498–1501.

[350] Siehe Tz 1400–1402.

der *Walküre* über Brünnhilde verhängte, liegt es nahe, dass Wotan einen Angriff Siegfrieds gegen den Weltenspeer provozieren will.[351] Ein dritter und ebenfalls ziemlich irdischer Grund für Wotans Verhalten ist, darf man Wagners eigener Deutung glauben, Eifersucht um Brünnhilde:[352]

> *Sieh, wie er dem Siegfried im dritten Akte gegenüber steht! Er ist hier vor seinem Untergange so unwillkürlicher Mensch endlich, dass sich – gegen seine höchste Absicht – noch einmal der alte Stolz rührt, und zwar (wohlgemerkt!) aufgereizt durch – Eifersucht um Brünnhilde; denn diese ist sein empfindlichster Fleck geworden. Er will sich gleichsam nicht nur so bei Seite schieben lassen, sondern fallen – besiegt werden: aber auch dies ist ihm so wenig absichtliches Spiel, dass er in schnell entflammter Leidenschaft sogar auf Sieg ausgeht, auf einen Sieg, der – wie er sagt – ihn nur noch elender machen müsste!*“[353]

Manche Stimmen meinen, Wotan wolle Siegfried wegen seines respektlosen und ungehobelten Auftretens und/oder wegen seiner Gewaltausbrüche gegen Fafner und Mime aufhalten. Das ist unplausibel. Weder der Text noch der orchestrale Subtext oder Äußerungen Wagners sprechen für eine solche Deutung. Rüpelhaft verhält sich Siegfried gegenüber dem Wanderer nur, weil dieser ihm stur den Weg versperrt, ihn vermeintlich auslacht und nicht verrät, was er ihm leichter Hand preisgeben könnte, nämlich welcher Weg zur gesuchten Frau führt. Auch die Vermutung, Wotan würde sich daran stören, dass Siegfried schon zwei Leben (Fafner und Mime) auf dem Gewissen hat, als er seinen göttlichen Großvater trifft, führt ins Abseits. Denn insbesondere Wotan hat nicht den geringsten Anlass, sich an diesen „Heldentaten“ zu stören. Im Gegenteil: Wotan ist der Urheber beider Todesfälle. Fafners tödliche Niederlage im Drachenkampf ist die von Wotan ersehnte *weiblichste Tat*[354] Siegfrieds, die die Rückgabe des Rings an die Rheintöchter einleiten soll. Damit Siegfried (und einzig ihm) diese Tat gelingen konn-

---

351 Siehe *Walküre* Tz 1456f.

352 Nach Patrice Chéreau ist Wotan ein *monströser Vater*, der im Finale der *Walküre* den Feuerring um Brünnhilde *natürlich* nur deshalb aufflammen lasse, damit Brünnhilde niemals einen Mann kennenlernt; Boulez/Chéreau, *Der Ring, Bayreuth 1976–1980,* S. 54. Wotans mitunter belächelte Eifersucht wird Brünnhilde in der nächsten Szene übrigens bestätigen, wenn sie sich in ihrem Schlussgesang explizit von Walhall und den Göttern abwendet, siehe Tz 1769–1775.

353 *Brief an August Röckel* vom 25./26. Januar 1854.

354 Siehe *Walküre* Tz 651–657 und *Götterdämmerung* Tz 1376–1379.

te und denn auch gelang, stattete Wotan den Enkel mit dem einzigen Schwert aus, das (ebenfalls verursacht durch einen Zauber Wotans) zum Sieg über Fafner taugt.[355] Und was Mimes Tod anbetrifft, hat Siegfried – jedenfalls aus Wotans Sicht – lediglich das von Wotan verhängte Todesurteil vollstreckt. Nach Wotans Wünschen und Vorstellungen ist Siegfried damit exakt so robust und tatkräftig geraten, wie Wotan sich den jungen Helden wünschte. Das deckt sich mit Wagners brieflicher Äußerung gegenüber seinem Freund Röckel, wonach es Siegfried als *Mensch der Zukunft* zukomme, das Establishment der Gegenwart *(Intelligenz der Gegenwart)* zu *vernichten*.[356]

Doch zurück zum Text, der an dieser Stelle ein kleines Rätsel birgt. So ist textlich unklar, ob Wotan seine Antwort auf Siegfrieds Ultimatum (*drum sprich, sonst spreng' ich dich fort!*) vernehmlich artikuliert oder ob Wotan diesen Textteil nur still für sich denkt oder unhörbar murmelt. Mangels einer entsprechenden Regieanweisung Wagners scheint Wotan das Ultimatum mindestens in Zimmerlautstärke zu beantworten. Siegfrieds nachfolgende Wortmeldung klingt hingegen, als habe Wotan nur still für sich gedacht, was Text und Partitur ihm in den Mund legen. Denn für Siegfried bleibt der Wanderer auf das Ultimatum *stumm*. Wie dem auch sei: was Wotan entweder nur still für sich denkt oder doch (leise vor sich hin) spricht, ist ganz im Sinne von Wagners brieflicher Erläuterung der Szene eine wunderbar gallige Mischung aus Autoritätsgehabe, Wehmut, Liebe und der mit einem drohenden Unterton versehenen Bitte um Verständnis für Zusammenhänge, die Siegfrieds Horizont weit übersteigen. Das gilt insbesondere für Wotans Hinweis, Siegfried und er selbst seien dem Tod geweiht, wenn Siegfried Wotans Zorn errege. Was soll Siegfried – zumal in seiner absoluten Furchtlosigkeit – mit dieser Androhung der Selbstvernichtung eines lästigen Alten anfangen?

(Wanderer – wohl nur still für sich.)
Kenntest du mich, kühner Spross,
den Schimpf spartest du mir.
Dir so vertraut, trifft mich schmerzlich dein Dräuen.

---

[355] Siehe Tz 411–421.

[356] *Brief an August Röckel* vom 25./26. Januar 1854.

Liebt' ich von je deine lichte[357] *Art,*
Grauen auch zeugt' ihr mein zürnender Grimm.[358]
Dem ich so hold bin, Allzuhehrer! Heut' nicht wecke mir Neid:[359]
er vernichtete dich und mich![360]

Manche Textkritiker monieren, dass Siegfried an dieser Stelle nicht erkennt, was der Wanderer (wohl) nur still für sich denkt. Jedenfalls das Drachenblut, so halten sie dem Jüngling oder dessen schreibendem Schöpfer vor, müsse Siegfried die Worte soufflieren, die Wotan nur still für sich dachte. Das ist nicht zwingend richtig. Laut den präzisen Verlautbarungen des Waldvogels kann Siegfried kraft des Drachenblutes zwar – wie ein kritischer menschlicher Zuhörer – gesprochene Heuchelei durchschauen, nicht aber Gedanken lesen.[361] Weder Siegfried noch Wagner sind daher an dieser Stelle zwangsläufig so unaufmerksam, wie manche meinen.

(Siegfried.)
Bleibst du mir stumm, störrischer Wicht?
Weich' von der Stelle, denn dorthin – ich weiß –
führt es zur schlafenden Frau: so wies es mein Vöglein,
das hier erst flüchtig entfloh!

Auf der Bühne wird es finster. Das entspricht der Gemütslage der Beteiligten. Wotan *bricht in gebieterischer Stellung in Zorn aus*. In einem durch zwei eher belanglose Zwischenrufe Siegfrieds in drei Abschnitte gegliederten Wutausbruch fordert Wotan heraus, was er vorgeblich verhindern will. Zuerst tut Wotan das, was im Umgang mit Kindern und Jugendlichen oft am sichersten zum (unerwünschten) Ziel führt: er verhängt ein Verbot (*Den Weg, den es zeigte, sollst du nicht ziehn!*). Dann tut Wotan, worum Siegfried ihn mehrfach erfolglos gebeten hatte: er zeigt mit dem Speer dorthin, wo der Walkürenfelsen liegt. Und schließlich verrät Wotan ein Detail, das in der gegebenen Konstellation einen Angriff des jugendlichen Helden auf den lästigen Wanderer mehr als nahelegt: Wotan gesteht, dass er Siegfrieds Vater tötete. Doch der Reihe nach – zunächst Wotans Verbot:

---

[357] Direkte Art.

[358] Mein Zorn über deine direkte Art wird Unheil erzeugen.

[359] Ich bin dir gewogen, aber hüte dich, meinen Zorn zu wecken.

[360] Mein Zorn würde uns beide vernichten.

[361] Siehe Tz 1143–1145.

(Wanderer, in Zorn ausbrechend.)

Es floh dir zu seinem Heil!
Den Herrn der Raben[362] *erriet es hier:*
weh' ihm, holen sie's ein!
Den Weg, den es zeigte, sollst du nicht zieh'n!

(Siegfried.)

Hoho!
Du Verbieter!
Wer bist du denn, dass du mir wehren willst?

Siegfrieds Erkundigung, wen er vor sich habe, beantwortet Wotan nach dem gleichen Muster ausweichend, das er vorhin gegenüber Erda übte.[363] Mit Wotans situativer Eigenbeschreibung *des Felsens Hüter* ist nichts gesagt. Wotans Drohung, er werde alle Macht verlieren, wenn Siegfried die schlafende Frau *weckt und gewinnt*, beeindruckt Siegfried nicht. Warum auch sollte die Sorge des unfreundlichen Fremden vor eigenem Machtverlust den jungen Helden aufhalten? Wirkungslos bleibt auch Wotans Warnung vor dem *Feuermeer* auf dem Walkürenfelsen. Einen Furchtanalphabeten aufzufordern, sich vor etwas zu fürchten, kann – wie Wotan wissen sollte[364] – nicht zum Ziel führen.

(Wanderer.)

Fürchte des Felsens Hüter![365]
Verschlossen hält meine Macht die schlafende Maid:
wer sie erweckte, wer sie gewänne,
machtlos macht' er mich ewig.

Ein Feuermeer umflutet die Frau:
glühende Lohe umleckt den Fels:
wer die Braut begehrt, dem brennt entgegen die Brunst.[366]

(Wotan zeigt mit seinem Speer zum Walkürenfelsen.)

Blick' nach der Höh'!
Erlugst du das Licht?
Es wächst der Schein, es schwillt die Glut;

---

[362] Wotan.

[363] Siehe Tz 1315.

[364] Siehe Tz 1396.

[365] Wotan.

[366] Doppeldeutig im Sinne von Feuer und Liebesglut.

sengende Wolken, wabernde Lohe,
wälzen sich brennend und prasselnd herab:

ein Lichtmeer umleuchtet dein Haupt;
bald frisst und zehrt dich zündendes Feuer.
Zurück denn, rasendes Kind!

Wotans Worte beeindrucken Siegfried nicht. Er will an den Ort, vor dem Wotan warnt. Die *Brünste*, die Siegfried dorthin locken, haben kaum zufällig doppelten Wortsinn.

(Siegfried.)
Zurück, du Prahler, mit dir!
Dort, wo die Brünste brennen,
zu Brünnhilde muss ich dahin!

Als Siegfried den gezeigten Weg einschlagen will, hält der Wanderer ihm den Weltenspeer entgegen.

(Wanderer.)
Fürchtest das Feuer du nicht,
so sperre mein Speer dir den Weg!

Noch hält meine Hand der Herrschaft Haft;
das Schwert, das du schwingst, zerschlug einst dieser Schaft:
noch einmal denn zerspring' es am ew'gen Speer!

Siegfried weiß wenig über seine eigene Herkunft und fast nichts über seine Eltern. Doch er weiß, dass sein Vater starb, als Nothung zerbrach[367]. Darum schließt er aus den Worten des Wanderers zutreffend, dass ihm hier und jetzt nicht irgendein Wanderer, sondern der Mörder seines Vaters gegenübersteht. Siegfried zieht Nothung.

(Siegfried.)
Meines Vaters Feind, find' ich dich hier?
Herrlich zur Rache geriet mir das!
Schwing deinen Speer: in Stücken spalt' ihn mein Schwert!

Mit einem Schlag Nothungs teilt Siegfried den Weltenspeer sauber in zwei Stücke. Begleitet von einem Blitz und starkem Donner rollen die Speerstücke zu Wotans Füßen, der sie *ruhig aufrafft.* Der

[367] Siehe Tz 244f.

Ausgang des kurzen Kampfes entspricht zwar nicht Wotans aktueller Gefühlslage, durchaus aber seinen strategischen Zielen.

(Wanderer.)
Zieh' hin!
Ich kann dich nicht halten!

Der Wanderer verschwindet plötzlich in völliger Dunkelheit. Siegfried sieht ihm verblüfft nach.

(Siegfried.)
Mit zerfocht'ner Waffe floh mir der Feige?

Der Bruch des Weltenspeeres ist nach Wagners Vorstellung nicht nur das Ende von Wotans Herrschaft. Wenn die Regie nicht spart, soll an dieser Stelle der Brand zünden, der die Götter im Finale der *Götterdämmerung* verzehren wird.[368] Aus dem zerbrechenden Weltenspeer soll ein Blitz zum Walkürenfelsen fahren und den dort zuletzt eher matten Feuerschein hell auflodern lassen.[369] Feuerwolken sollen sich aus dem Hintergrund herabsenken, bis die ganze Bühne ein wogendes Flammenmeer erfüllt.

(Siegfried.)
Ha! Wonnige Glut!
Leuchtender Glanz!

Strahlend nun offen steht mir die Straße.
Im Feuer mich baden!
Im Feuer zu finden die Braut!
Hoho! Hahei!
Jetzt lock' ich ein liebes Gesell!

Siegfried setzt sein Horn an und stürzt sich unerschrocken ins Feuer. Während man Siegfried bald nicht mehr sieht, soll sich sein Hornruf nach und nach in die Höhe des Walkürenfelsens entfernen.

---

[368] Siehe *Götterdämmerung* Tz 1404–1407.

[369] Siehe dazu die verwunderten Fragen der Nornen in *Götterdämmerung* Tz 1–4.

Nicht eher sind wir das, was wir sein können und sollen, bis – das Weib nicht erweckt ist.[370]

Dritte Szene

(Auf dem Gipfel eines Felsenberges)

Die gut 45 Minuten lange Schluss-Szene des *Siegfried* ist anstrengend – für die beiden Darsteller auf der Bühne, aber auch für die Zuhörer.[371] Unterhaltsame Effekte bleiben aus. Oberflächlich betrachtet begegnen sich zwei Liebesanfänger, die aus verschiedenen Welten stammen und nach Brünnhildes anfänglichem Zögern aus Motiven zueinander finden, die kein dauerhaft gedeihliches Miteinander versprechen. Der ausgedehnte Dialog hat eine vom Textdichter penibel bedachte Struktur. Diese Struktur belädt Wagner mit symbolschweren Begriffen, die im Schwarz-Weiß-Spektrum mit Licht (sonnige Höhe, glänzendes Stahlgeschmeide, Lohe, heller Himmelssee, brennender Zauber, blendender Blick), Nacht (tiefer Schlaf, feurige Angst, trauriges Dunkel, gebundene Augen, Fesseln) und Tag (schattiger Tann, schimmernde Wolken, Wogengewölk, prangende Erde) ein wechselvolles Lichtspiel entfalten. Das begriffliche Kaleidoskop bleibt schlussendlich auf den Begriffspaaren „*Leuchtende Liebe, lachender Tod*“ stehen. Was morbide klingt, war von Wagner lebensbejahend gemeint: „*Wir müssen sterben lernen, und zwar sterben im vollständigsten Sinne des Wortes; die Furcht vor dem Ende ist der Quell aller Lieblosigkeit*“, teilte Wagner seinem Freund Röckel erläuternd mit.[372]

Die Handlung der Szene hat folgende Struktur: Siegfried betritt den Walkürenfelsen und entdeckt Brünnhilde, die er in ihrer geschlossenen Panzerrüstung zunächst für einen Mann hält. Als er den Panzer abhebt und unvermutet eine Frau entdeckt, spürt Siegfried erstmals

---

[370] Richard Wagner, *Brief an August Röckel* vom 24. August 1851.

[371] Der Text der Szene, deren Aufführung rund 45 Minuten dauert, ist deutlich länger als die ersten beiden Szenen des dritten Aufzugs zusammen. Die Zuhörer leiden in dieser Szene an einem Alleinstellungsmerkmal des *Siegfried*: in keinem anderen seiner Bühnenwerke lässt Wagner stets nur zwei Darsteller dialogisch auf der Bühne mitwirken. In dieser Hinsicht ist *Siegfried* den anderen drei Abenden des *Rings* nach Wagners eigenen Maßstäben im künstlerischen Anspruch deutlich voraus.

[372] Richard Wagner, *Brief an August Röckel* vom 25./26. Januar 1854.

in seinem Leben Furcht. Nach anfänglichem Zögern weckt er die Schlafende beherzt mit einem Kuss. Von kurzen Zwischenrufen Siegfrieds unterbrochen, begrüßt Brünnhilde das Licht und dankt den Göttern für ihre Erweckung. In für Siegfried völlig unverständlichen Andeutungen blickt Brünnhilde darauf zurück, was sie in der *Walküre* zu Siegfrieds Rettung und zu seiner aktuellen Teilnahme an Wotans zweiter Auflage des Wälsungen-Plans beitrug. Siegfried stört nicht, dass er diesen Rückblick nicht versteht. Er lenkt das Gespräch auf seine erotischen Ambitionen, denen Brünnhilde unter Hinweis auf die funktionslos gewordenen Insignien ihrer Göttlichkeit ausweicht. Dann lassen beide ihren gegensätzlichen Gefühlen freien Lauf: Siegfried drängt stürmisch auf erotische Erfüllung, während Brünnhilde beklagt, dass irdische Liebe ihre göttliche Weisheit bedrohe. Eine sanfte Geste Siegfrieds, von ihm angedeutete Zweifel an Brünnhildes Zuneigung und ein kokettes Spiel mit dem uns aus der Walküre vertrauten Spiegelbild im Bach münden schließlich in einen rauschhaften Gefühlstaumel, der den tödlichen Ausgang der *Götterdämmerung* (*leuchtende Liebe, lachender Tod*) vorausahnen lässt.

Zu Beginn der Szene lässt die Feuerbrunst nach. Das *immer zarter gewordene Gewölk* soll *sich in einen feinen Nebelschleier von rosiger Färbung* auflösen, der sich nach oben verzieht und einen *heiteren blauen Tageshimmel* freigibt. In diesem Licht sehen wir den Walkürenfelsen wie am Schluss des dritten Aufzugs der *Walküre*. Im Vordergrund liegt Brünnhilde in tiefem Schlaf unter der breitästigen Tanne, die wir aus dem Finale der *Walküre* kennen und der wir im Vorspiel der *Götterdämmerung* wieder begegnen werden. Brünnhilde trägt eine glänzende Panzerrüstung, deren Helm ihr Gesicht verdeckt. Als Siegfried die Höhe erreicht, blickt er sich staunend um und begrüßt den kargen Ort treffend zwiespältig.

(Siegfried.)
Selige Öde auf wonniger Höh'![373]

---

[373] Als Vorbild für die Szenerie soll Wagner der Roseg-Gletscher auf dem Bernina vor Augen gestanden haben, den er allerdings erst knapp ein Jahr nach der Fertigstellung seiner *Ringdichtung* (Ende 1852) im Juli 1853 mit seinem Freund Herwegh in einer verwegenen Bergtour bestieg; siehe dazu: Martin Gregor-Dellin, *Richard Wagner*, S. 374. In *Mein Leben*, S. 510 beschreibt Wagner den Landschaftseindruck dieser (späteren) Wanderung so: *Beim Besteigen und weiteren Beschreiten des wunderbaren Gletschers .. empfing ich den erhabenen Eindruck der Heiligkeit der Öde und der fast gewaltsam beschwichtigenden Ruhe, welche*

Siegfried steigt vollends auf das Plateau und blickt sich um. Seitlich im *Tann* erblickt er Grane.

(In den Tann hineinsehend.)
Was ruht dort schlummernd im schattigen Tann?
Ein Ross ist's, rastend in tiefem Schlaf.

Als Siegfried im Umhergehen die glänzende Panzerrüstung Brünnhildes entdeckt, hält er verwundert an. Der Glanz der Rüstung blendet ihn ähnlich wie vorhin der Feuerschein.

(Siegfried.)
Was strahlt mir dort entgegen?
Welch' glänzendes Stahlgeschmeid'?
Blendet mir noch die Lohe den Blick?
Helle Waffen? Heb' ich sie auf?

Siegfried hebt den langen Schild der Walküren an, unter dem Brünnhilde liegt. Die Schlafende, deren Gesicht großenteils vom Helm verdeckt wird, hält er für einen Mann. Dieser Irrtum ist nicht so unplausibel, wie er wirkt. Zwar sucht Siegfried eine Frau.[374] Doch hat er keinen Grund anzunehmen, dass die Gesuchte in einer Panzerrüstung vor ihm liegt, wie sie nur Helden tragen.

(Siegfried.)
Ha! In Waffen ein Mann?
Wie mahnt mich wonnig sein Bild!
Das hehre Haupt drückt wohl der Helm?
Leichter würd' ihm, löst' ich den Schmuck?

Vorsichtig löst Siegfried den Helm und hebt ihn ab: langes lockiges Haar bricht darunter hervor. Siegfried erschrickt, ohne zu ahnen, worauf die üppige Haartracht hindeutet. Immerhin verwandelt der Anblick der wellenden Haarpracht den jungen Helden für einen Augenblick in einen Poeten.

(Siegfried.)
Ach! Wie schön!

---

jedes Erstorbensein der Vegetation auf das pulsierende Leben des menschlichen Organismus hervorbringt.

[374] Siehe Tz 1264–1270, 1281–1283, 1416f., 1514f., 1530f.

(Er bleibt in den Anblick versunken.)
Schimmernde Wolken säumen in Wellen den hellen Himmelssee;
leuchtender Sonne lachendes Bild strahlt durch das Wogengewölk.

Siegfried neigt sich herab und lauscht.

(Siegfried.)
Von schwellendem Atem schwingt sich die Brust:
brech' ich die engende Brünne?

Um dem Schlafenden das Atmen zu erleichtern, will Siegfried mit bloßen Händen die Brünne[375] öffnen. Als das misslingt, greift er zu Nothung und durchschneidet *mit zarter Vorsicht* die Panzerringe zu beiden Seiten der Rüstung.

(Siegfried.)
Komm', mein Schwert!
Schneide das Eisen!

Als er den Brustpanzer (Brünne und Schienen) abhebt, und *Brünnhilde in einem weichen weiblichen Gewand vor ihm liegt*, fährt Siegfried *erschrocken und staunend* auf.

(Siegfried.)
Das ist kein Mann!

Siegfried *starrt in höchster Aufregung* auf die Schlafende und *gerät in höchste Beklemmung*. Dem Anblick der weiblichen Proportionen gelingt, was Mime und dem Drachen missriet: Siegfried fürchtet sich. An seiner Furchtpremiere lässt Siegfried das Publikum in Worten teilhaben, die zum Ringtext-Fürchten einladen. Gleiches gilt für den vom Textdichter nach heutigem Stilempfinden übertrieben einfühlsam hinzugefügten Mutterruf.

(Siegfried.)
Brennender Zauber zückt mir ins Herz;
feurige Angst fasst meine Augen:
mir schwankt und schwindelt der Sinn!

Wen ruf' ich zum Heil, dass er mir helfe?
Mutter! Mutter! Gedenke mein'!

---

[375] Panzerhemd, Brustpanzer.

Siegfried *sinkt wie ohnmächtig mit der Stirn an Brünnhildes Busen.* Nach einer Weile richtet er sich seufzend auf. Er will die Unbekannte wecken. Doch wie er das anfangen soll, weiß er nicht. Scheu und sehnsüchtig spürt Siegfried, dass er die schlafende Frau wecken muss, um selbst (als Mann) zu erwachen.

(Siegfried.)
Wie weck' ich die Maid,
dass sie ihr Auge mir öffne?

Das Auge mir öffnen?

Blende mich auch noch der Blick?
Wagt' es mein Trotz?
Ertrüg' ich das Licht?[376]

Mir schwebt und schwankt und schwirrt es umher![377]
Sehrendes Sengen zehrt meine Sinne;
am zagenden Herzen zittert die Hand!

Wie ist mir Feigem? Ist dies das Fürchten?
O Mutter! Mutter! Dein mutiges Kind!
Im Schlafe liegt eine Frau,
die hat ihn das Fürchten gelehrt.

Wie end' ich die Furcht?
Wie fass' ich Mut?
Dass ich selbst erwache, muss die Maid ich erwecken.

Er nähert sich der Schlafenden und *wird durch ihren Anblick wieder von zarteren Empfindungen gefesselt. Er neigt sich tiefer herab.*

Süß erbebt mir ihr blühender Mund.
Wie mild erzitternd mich Zagen er reizt!
Ach! Dieses Atems wonnig warmes Gedüft!

(Wie in Verzweiflung.)
Erwache! Erwache!
Heiliges Weib!

---

[376] Brünnhildes Blick.

[377] Siehe Tz 456ff. und 522ff.

Da Brünnhilde auf seine Zurufe nicht reagiert, küsst er sie endlich mit geschlossenen Augen *lange und inbrünstig* auf den Mund.[378]

(Er starrt auf sie hin.)
Sie hört mich nicht. –
So saug' ich mir Leben aus süßesten Lippen, –
sollt' ich auch sterbend vergehn!

Die Geküsste schlägt die Augen auf und blickt Siegfried staunend an. *Beide verweilen eine Zeit lang in den gegenseitigen Anblick versunken.*[379] Schließlich *richtet sich Brünnhilde langsam zum Sitzen auf. Mit feierlichen Gebärden und erhobenen Armen* feiert sie ihre *Rückkehr zur Wahrnehmung der Erde und des Himmels*. Ihr erster Gruß gilt der Sonne, dem Licht und dem Tag. Dann erst will sie erfahren, wer sie weckte.

(Brünnhilde.)
Heil dir, Sonne!
Heil dir, Licht!
Heil dir, leuchtender Tag![380]

Lang war mein Schlaf; ich bin erwacht:
wer ist der Held, der mich erweckt'?

Von Brünnhildes Blick und Stimme feierlich ergriffen, wie uns Wagners Regieanweisung informiert, erklärt Siegfried der Fragerin, wie er kam und wer er ist. Seine knappen Angaben sagen Brünnhilde mehr, als Siegfried über sich selbst weiß. Sein Name ist für Brünnhilde das Schlüsselwort, das ihr verrät, dass Sieglindes Flucht gelang und ihr eigener Vorschlag an Wotan, den *Wälsungen*-Plan mit dem damals noch ungeborenen Kind Sieglindes noch einmal neu aufzulegen, aufging.[381] Hoch aufgerichtet ergänzt sie ihren recht

---

[378] Siegfrieds Erweckungs-Kuss ist der actus contrarius zu Wotans Einschlaf-Kuss im Finale der *Walküre*, siehe dort die Regieanweisungen nach Tz 1446.

[379] Siehe *Walküre*, Regieanweisung nach Tz 40.

[380] Dazu Richard Wagner, Ursprung und Entwicklung des Nibelungenmythos, GSD II, S. 130f.: *Den ersten Eindruck empfängt der Mensch von der ihn umgebenden Natur, ...: das ist das Licht, der Tag und die Sonne.*

[381] Siehe *Walküre* Tz 1145–1155, 1158–1160, 1381–1434.

unpersönlichen „Lichtgruß“ um einen Dank an die Götter, die Welt und die Erde.[382]

(Siegfried.)
Durch das Feuer drang ich, das den Fels umbrann:
ich erbrach dir den festen Helm:
Siegfried bin ich, der dich erweckt.

(Brünnhilde.)
Heil euch, Götter!
Heil dir, Welt!
Heil dir, prangende Erde!

Zu End' ist nun mein Schlaf;
erwacht, seh' ich: Siegfried ist es, der mich erweckt.

In erhabenste Entzückung ausbrechend preisen beide Siegfrieds Mutter, die Erde und die Bestimmung füreinander.

(Siegfried.)
O Heil der Mutter, die mich gebar!
Heil der Erde, die mich genährt!
Dass ich das Auge erschaut,
das jetzt mir Seligem lacht!

(Brünnhilde.)
O Heil der Mutter, die dich gebar!
Heil der Erde, die dich genährt!
Nur dein Blick durfte mich schau'n,
erwachen durft' ich nur dir!

Die Harmonie der Texte verdeckt, wie weit das Denken und Fühlen des unwissenden Helden und der weisen Noch-Göttin[383] auseinanderklaffen. Diese Kluft deutet sich an, als Brünnhilde das harmonische Duett um einen Rückblick ergänzt, der in geraffter Form behandelt, was sie schon vor Siegfrieds Zeugung und Geburt zu seinem Werden beitrug. Nicht nur dieser Rückblick an sich – warum teilt sie das alles dem Ahnungslosen überhaupt und zudem in einer Diktion mit, von der sie wissen sollte, dass sie ihren Zuhörer

---

[382] Unter dem Eindruck von Siegfrieds Täuschung mit dem Tarnhelm wird Brünnhilde diesen Dank in der *Götterdämmerung* indirekt widerrufen; siehe *Götterdämmerung* Tz 541–543.

[383] Siehe Tz 1340–1344, 1670–1672.

weit überfordert? – irritiert. Zu denken gibt auch ein Unterton von Brünnhildes jubilierendem Nachtrag. Hört man genau hin, gilt ihr Enthusiasmus weniger der Person Siegfried als der von ihr selbst angeregten Mission des ahnungslosen Helden.[384]

(Brünnhilde.)
O Siegfried! Siegfried!
Seliger Held,
du Wecker des Lebens, siegendes Licht!

O wüsstest du, Lust der Welt, wie ich dich je geliebt!
Du warst mein Sinnen, mein Sorgen du.
Dich Zarten nährt' ich, noch eh' du gezeugt,
noch eh' du geboren, barg dich mein Schild.[385]

So lang' lieb' ich dich, Siegfried!

Siegfried kann mit dem Rückblick seiner Tante auf die Zeit vor seiner Zeugung und Geburt nicht viel anfangen. Gar nicht dumm mutmaßt er *leise und schüchtern*, seine Mutter stehe vor ihm.

(Siegfried, leise und schüchtern.)
So starb nicht meine Mutter?
Schlief die minnige nur?

Lächelnd und freundlich die Hand nach ihm ausstreckend, korrigiert Brünnhilde den Irrtum des Vollwaisen nur unvollständig. Seine Mutter sei sie nicht, klärt sie ihn auf. Wer sie ist und wer seine Eltern waren, verrät sie nicht. Warum sie das nicht sagt, liegt nahe. Erführe Siegfried, wer seine Eltern waren, warum diese starben und was sein Großvater (Wotan) von ihm erwartet, wäre Siegfried nicht mehr der freie Held, auf dessen erlösende Tat(en)[386] Brünnhilde

---

[384] Diesen Unterton im Text unterstreicht eine anlässlich der Bayreuther Uraufführung zu Takt 1164 notierte Spielanweisung; danach ist im Orchester die Melodie (das sogenannten *Entzückungs*-Motiv) *immer wie „ohne alles Gefühl" zu spielen.*

[385] Brünnhilde erinnert sich ungenau. Mit ihrem Schild schützte sie laut der Regieanweisung in *Walküre* nach Tz 953 allein den (natürlich auch für Sieglinde kämpfenden) Siegmund, nicht aber auch die schwangere Sieglinde.

[386] Da Siegfried inzwischen den Drachen getötet und den Ring an sich genommen hat, steht nur noch die Rückgabe des Ringes aus, den Siegfried hier und jetzt trägt.

und Wotan seit dem Finale der *Walküre* setzen.[387] Brünnhilde begnügt sich daher mit dem Hinweis, seine Mutter werde Siegfried nicht wiedersehen. Als wäre das ein Trost, fügt sie in rätselhaften Worten hinzu, sie sei Siegfried, wenn er sie liebe. Ähnlich sperrig klingt Brünnhildes Hinweis, sie wisse für Siegfried, was er nicht weiß; doch wissend sei sie nur, weil sie ihn liebe. Wer sich vom äußeren Eindruck dieser verquasten Aussagen nicht abschrecken lässt, kann bewundern, wie Wagner hier in nur 17 Worten (*Was du nicht weißt, weiß ich für dich: doch wissend bin ich nur – weil ich dich liebe*) den Kerngedanken der Schluss-Szene der *Walküre* zusammenfasst. Ähnlich verrätselt setzt Brünnhilde ihren Rückblick fort. Nach emphatisch beschworener Siegeszuversicht (*O Siegfried! Siegfried! Siegendes Licht!*) erklärt sie, sie habe Siegfried schon immer geliebt. Was sie zur Begründung hinzufügt, (*denn mir allein erdünkte...*), deutet einmal mehr darauf hin, dass Brünnhildes Liebe an erster Stelle der eigenen Idee gilt, Siegfried möge den nach Siegmunds Tod verwaisten Platz als Erlöser vom Ringfluch einnehmen. Diesen Gedanken, dessen Urheberschaft Brünnhilde allzu freundlich Wotan zuschreibt (*Wotans Gedanke*), will sie zunächst mehr gefühlt als gedacht haben. Einmal gefühlt, habe sie für diesen Gedanken gekämpft und trotzig gestritten, bis Wotan sie für ihren Einfall bestraft habe. Was den zuletzt genannten Zusammenhang anbetrifft, wirkt es, als habe Brünnhildes langer Schlaf ihre Erinnerung in einem Punkt getrübt. Von Wotan bestraft wurde Brünnhilde nicht wegen ihres Plädoyers für das damals noch ungeborene Kind Siegfried, sondern wegen ihrer Befehlsverweigerung zugunsten Siegmunds. Der Gedanke, dass Siegfried den nach Siegmunds Tod verwaisten Platz als Weltenretter einnehmen könnte, kam Brünnhilde erst nach dieser Befehlsverweigerung.[388] Die Abweichung zwischen Brünnhildes Erinnerung und dem Bühnengeschehen ist nicht zwingend einem Redaktionsversehens des Textautors geschuldet. Vielleicht wollte Wagner auf der Bühne zeigen, was jedenfalls heutzutage unmittelbar einleuchtet: starke Emotionen leiten unsere Erinnerung nicht weniger stark als objektiv erlebte Realität.

---

[387] Siehe *Walküre* Tz 651–657, 1406–1408, 1433f. und *Siegfried* Tz 1389–1396.

[388] Das für diese Inspiration in Frage kommende Zeitfenster ist nicht sehr groß. Nur gut 40 Minuten vergehen in der *Walküre* zwischen Siegmunds Tod und Brünnhildes erster, noch recht verhaltener Anregung gegenüber Wotan; siehe *Walküre* Tz 956f. und 1402–1408.

(Brünnhilde.)
Du wonniges Kind!
Deine Mutter kehrt dir nicht wieder.
Du selbst bin ich, wenn du mich Selige liebst.
Was du nicht weißt, weiß ich für dich;
doch wissend bin ich nur, weil ich dich liebe!

O Siegfried! Siegfried! Siegendes Licht!
Dich liebt' ich immer, denn mir allein erdünkte Wotans Gedanke:
der Gedanke, den ich nie nennen durfte,
den ich nicht dachte, sondern nur fühlte;
für den ich focht, kämpfte und stritt,
für den ich trotzte dem, der ihn dachte;
für den ich büßte, Strafe mich band,
weil ich nicht ihn dachte, und nur empfand,
denn, der Gedanke – dürftest du's lösen![389] –
mir war er nur Liebe zu dir!

Siegfried stört sich nicht daran, dass ihm der Sinn des pathetischen Rückblicks verschlossen bleibt. Er genießt den (An-)Blick (*Deines Auges Leuchten*), die Aura (*Deines Atems Wehen*) und die Stimme (*Deiner Stimme Singen*) der ersten Frau seines Lebens. Seine bereitwillige Kapitulation vor dem Sinn ihrer Worte mündet in ein Geständnis aufkeimender Furcht (*Mit banger Furcht fesselst du mich: du Einz'ge hast ihre Angst mich gelehrt*) vor der unwiderstehlichen Kraft der Liebe (*den du gebunden in mächtigen Banden*) und in die Bitte, Brünnhilde möge ihm seinen Mut zurückgeben.[390]

(Siegfried.)
Wie Wunder tönt, was wonnig du singst,
doch dunkel dünkt mich der Sinn.

Deines Auges Leuchten seh' ich licht;
deines Atems Wehen fühl' ich warm,
deiner Stimme Singen hör' ich süß:
doch was du singend mir sagst, staunend versteh' ich's nicht.

---

[389] Könntest du das verstehen!

[390] Siehe Tz 1370–1375. Wagner soll den nach Siegfrieds ersten Worten eintretenden Wendepunkt des Gesprächs dahin gekennzeichnet haben: *Bis hierher waren Siegfried und Brünnhilde im Zustand der Entrücktheit, wie im Reiche der Götterwelt, von jetzt an beginnt ihre Position von Mensch zu Mensch*; Heinrich Porges, *Bühnenproben*, Siegfried, S. 37.

Nicht kann ich das Ferne sinnig erfassen,
wenn alle Sinne dich nur sehen und fühlen!

Mit banger Furcht fesselst du mich:
du Einz'ge hast ihre Angst mich gelehrt;
den du gebunden in mächtigen Banden,
birg' meinen Mut mir nicht mehr!

Siegfried verweilt, in großer Aufregung den sehnsuchtsvollen Blick auf Brünnhilde heftend. Für irdische Liebe, für die Siegfried in Wort und Blick plädiert, fühlt sich Brünnhilde noch nicht reif. Sie *wendet sanft ihren Blick zur Seite und zum Tann.* Ausweichend lenkt sie das Gespräch auf die funktionslos gewordenen Insignien ihrer göttlichen Vergangenheit: auf ihr Pferd Grane, auf Schild und Helm sowie auf die zerschnittene Brünne. Die Welt, in der diese Attribute Bedeutung hatten, wird Brünnhilde unwiderruflich verlassen, wenn sie Siegfrieds Werben nachgibt. Diesmal versteht Siegfried zumindest vordergründig, wovon Brünnhilde spricht. Allerdings findet er, dass sie dreimal das Thema verfehlt. Drängend wendet Siegfried jeden ihrer drei Rückblicke in die von ihm erhoffte erotische Gemeinsamkeit: sein Blick *weidet* auf ihrem Mund wie in Brünnhildes Augen das Pferd Grane im Tann; sein *Herz* und sein *Haupt* fühlt Siegfried versehrt, weil er ohne (herzschützenden) *Schild und ohne* (kopfschützenden) *Helm* zu Brünnhilde kam; dem Fehlen von *Brünne* und *Panzer* schreibt er zu, dass die Feuerbrunst ein Liebesfeuer in seiner Brust entzündete. In seiner dritten Replik geht Siegfried stürmisch über eine bloße Gegenrede hinaus. *Brünnhilde heftig umfassend* fordert er sie auf, den Brand in seiner Brust zu löschen.

(Brünnhilde.)
Dort seh' ich Grane, mein selig Ross:
wie weidet er munter, der mit mir schlief!
Mit mir hat ihn Siegfried erweckt.

(Siegfried.)
Auf wonnigem Munde weidet mein Auge;[391]
in brünstigem Durst doch brennen die Lippen,
dass der Augen Weide[392] *sie labe!*[393]

---

[391] Mit dem Ausdruck *weide* knüpft Siegfried an Brünnhildes Hinweis auf das *weidende Ross Grane* an.

[392] Brünnhildes Lippen.

(Brünnhilde.)
Dort seh' ich den Schild, der Helden schirmte.
Dort seh' ich den Helm, der das Haupt mir barg:
er schirmt, er birgt mich nicht mehr.

(Siegfried, feurig.)
Eine selige Maid versehrte mein Herz;
Wunden dem Haupte schlug mir ein Weib:
ich kam ohne Schild und Helm!

(Brünnhilde, mit gesteigerter Wehmut.)
Ich sehe der Brünne prangenden Stahl:
ein scharfes Schwert schnitt sie entzwei,
von dem maidlichen Leibe löst' es die Wehr!
Ich bin ohne Schutz und Schirm, ohne Trutz ein trauriges Weib!

(Siegfried.)
Durch brennendes Feuer fuhr ich zu dir,
nicht Brünne noch Panzer barg meinen Leib:
nun brach die Lohe mir in die Brust;
es braust mein Blut in blühender Brunst;
ein zehrendes Feuer ist mir entzündet:

die Glut, die Brünnhilds Felsen umbrann,
die brennt mir nun in der Brust!
O Weib! Jetzt lösche den Brand!
Schweige die schäumende Wut!

Siegfrieds heftige Umarmung führt zum Eklat. Brünnhilde springt auf, wehrt Siegfried *mit der höchsten Kraft der Angst* ab, und flieht auf die andere Seite der Bühne. Der Fluchtgrund ist nicht, jedenfalls nicht in erster Linie, jungfräuliche Scheu. Brünnhildes Angst gilt ihrer Menschwerdung[394] und dem drohenden Verlust ihrer

---

[393] Siegfried will seine brennenden Lippen an Brünnhildes wonnigem Mund laben: lass mich dich küssen!

[394] Das (eher nebensächliche) Thema ist nicht frei von (schwer lösbaren) Widersprüchen im Text. Man kann es sehen wie folgt: Wotan verstößt Brünnhilde im Finale der *Walküre* aus dem Kreis der Götter. Ihre Göttlichkeit verliert und ihr Menschsein gewinnt Brünnhilde so richtig aber erst durch ihre körperliche Verbindung mit Siegfried. Laut Brünnhildes Schlussgesang in der *Götterdämmerung* wird sie durch Siegfrieds Tod zwar wieder *wissend*, das nicht aber als Göttin, sondern als *Weib*; siehe *Götterdämmerung* Tz 1379f.

göttlichen Weisheit. Was Brünnhilde scheut, ist Siegfrieds Ziel. Er will mehr, als ihr nur *Brünne und Helm brechen*.

(Brünnhilde.)
Kein Gott nahte mir je!
Der Jungfrau neigten scheu sich die Helden:
Heilig schied sie aus Walhall.

Wehe! Wehe!
Wehe der Schmach, der schmählichen Not!
Verwundet hat mich, der mich erweckt!
Er erbrach mir Brünne und Helm:
Brünnhilde bin ich nicht mehr.[395]

(Siegfried.)
Noch bist du mir die träumende Maid;
Brünnhildes Schlaf brach ich noch nicht.
Erwache, sei mir ein Weib!

Brünnhilde empfindet irritiert, wie ihre eigene Sinnlichkeit erwacht. Ihr *schwirren die Sinne* und sie ahnt, dass göttliches Wissen im Schatten irdischer Liebe zu verblassen droht.

(Brünnhilde.)
Mir schwirren die Sinne,
mein Wissen schweigt:
soll mir die Weisheit schwinden?

Siegfried bewährt sich als aufmerksamer Zuhörer. Er erinnert die Irritierte daran, dass sie ihm vorhin erklärte, sie sei (nur) wissend, weil sie ihn liebe.[396] Siegfrieds Hinweis auf das *Leuchten der Liebe* führt den Dialog zu der die ganze Szene durchwirkenden Licht-Thematik zurück. Zugleich nimmt Siegfried an dieser Stelle den ersten Teil der Schlussworte des Abends *„Leuchtende Liebe, lachender Tod“* vorweg.

(Siegfried.)
Sangst du mir nicht,
dein Wissen sei das Leuchten der Liebe zu mir?

---

[395] Ich bin nicht mehr die (mit einer Brünne gepanzerte) Göttin Brünnhilde, die ich in Walhall war. Brünnhilde hadert mit ihrer Menschwerdung.

[396] Siehe Tz 1617.

Mit Worten ist Brünnhilde indes nicht zu erreichen; sie fürchtet sich vor ihrer Menschwerdung.

(Brünnhilde, vor sich hinstarrend.)
Trauriges Dunkel trübt mir den Blick.
Mein Auge dämmert, mein Licht verlischt:
Nacht wird's um mich.
Aus Nebel und Grau'n windet sich wütend ein Angstgewirr:
Schrecken schreitet und bäumt sich empor!

In ihrer Verzweiflung *birgt Brünnhilde heftig ihre Augen mit den Händen. Indem er ihr sanft die Hände von den Augen löst,* ermutigt Siegfried die Verzweifelte einfühlsam, ihre dunklen Befürchtungen gegen lichte Zuversicht zu tauschen.

(Siegfried.)
Nacht umfängt gebund'ne Augen.
Mit den Fesseln schwindet das finst're Grau'n.
Tauch' aus dem Dunkel, und sieh: –
sonnenhell leuchtet der Tag!

Siegfrieds gefühlvolle Sanftheit beeindruckt Brünnhilde. *In höchster Ergriffenheit* und, wie das Orchester mit dem *Wälsungen*-Motiv soufflieret, inzwischen ebenfalls von Liebe ergriffen, bittet sie Siegfried, von ihr abzulassen. Die Bitte deutet an, dass Brünnhilde spürt, wie ihre Widerstandskraft schwindet. Brünnhilde unterstreicht ihre Bitte mit einem Bild, das wir aus der *Walküre* von Sieglinde[397] und aus dem ersten Aufzug des *Siegfried* von Siegfried[398] kennen: das eigene Spiegelbild im klaren Bach. Brünnhilde bittet Siegfried, ihr klares Spiegelbild nicht mutwillig mit wilden Wellen zu zerstören.

(Brünnhilde.)
Sonnenhell leuchtet der Tag meiner Schmach!
O Siegfried! Siegfried! Sieh' meine Angst!

Ewig war ich, ewig bin ich,
ewig in süß sehnender Wonne,
doch ewig zu deinem Heil.

---

[397] Siehe *Walküre* Tz 329–332.
[398] Siehe *Siegfried* Tz 169–176.

O Siegfried, Herrlicher! Hort der Welt!
Leben der Erde, lachender Held!
Lass, ach lass! Lasse von mir!

Nahe mir nicht mit der wütenden Nähe,
zwinge mich nicht mit dem brechenden Zwang,
zertrümm're die Traute dir nicht!

Sahst du dein Bild im klaren Bach?
Hat es dich Frohen erfreut?
Rührtest zur Woge das Wasser du auf,
zerflösse die klare Fläche des Bachs;
dein Bild sähst du nicht mehr,
nur der Welle schwankend Gewog'!

So berühre mich nicht, trübe mich nicht!
Ewiglicht lachst du selig dann aus mir dir entgegen,
froh und heiter, ein Held!

O Siegfried! Leuchtender Spross!
Liebe dich, und lasse von mir:
vernichte dein Eigen nicht!

Siegfrieds Antwort beginnt mit einem Liebesbekenntnis, das in den – Zweifel an Brünnhildes Gegenliebe andeutenden – Wunsch mündet, Brünnhilde möge ihn lieben. Danach wird Siegfried deutlicher: Worte und Gefühle genügen ihm nicht; er möchte seine Gefühle sinnlich mit Brünnhilde ausleben. Dazu greift er das Bild vom stillen Wasser auf. Brünnhildes Sorge, stilles Wasser werde durch Bewegung getrübt, teilt Siegfried nicht. Er will seine *sengende Glut* in der Flut kühlen und gemeinsam mit ihr selig von Wogen verschlungen werden. Nach diesem anschaulichen Bild schließt seine Antwort so handfest, wie sie begann: „*Sei mein!*" ruft er der Geliebten dreimal zu.

(Siegfried.)
Dich – lieb' ich: o liebtest mich du!
Nicht hab' ich mehr mich:
oh – hätte ich dich!

Ein herrlich Gewässer wogt vor mir:[399]
mit allen Sinnen seh' ich nur sie,
die wonnig wogende Welle.

Brach sie mein Bild,
so brenn' ich nun selbst, sengende Glut in der Flut zu kühlen!
Ich selbst, wie ich bin, spring' in den Bach:
oh, dass seine Wogen mich selig verschlängen,
mein Sehnen schwänd' in der Flut!

Erwache, Brünnhilde, wache, du Maid!
Lache und lebe, süßeste Lust!
Sei mein! Sei mein! Sei mein!

Siegfrieds Aufruf, vielleicht auch seine anklingenden Zweifel an Brünnhildes Gegenliebe, brechen den Bann. Im letzten Abschnitt des Dialogs verlieren sich die Liebenden taumelnd miteinander und ineinander.

(Brünnhilde.)
Oh Siegfried! Dein – war ich von je!

(Siegfried.)
Warst du's von je, so sei es jetzt!

(Brünnhilde.)
Dein werd' ich ewig sein!

(Siegfried.)
Was du sein wirst, sei es mir heut'!

Fasst dich mein Arm, umschling' ich dich fest,
schlägt meine Brust brünstig die deine,
zünden die Blicke, zehren die Atem sich,
Aug' in Auge, Mund an Mund!

Dann bist du mir,
was bang du mir warst und wirst:
dann brach sich die brennende Sorge,
ob jetzt Brünnhilde mein?

---

[399] Brünnhilde.

Als Siegfried Brünnhilde umfasst, legt sie jede Zurückhaltung ab. Man mag ihre Worte so deuten oder kommentieren: Brünnhildes durch die puritanische Etikette Walhalls[400] lange unterdrückter Liebeshunger ist, wie sie selbst empfindet, so stürmisch, dass sie sich sorgt, Siegfried könne das *wild wütende Weib* in ihr fürchten.

(Brünnhilde.)
Ob jetzt ich dein?

Göttliche Ruhe rast mir in Wogen,
keuschestes Licht lodert in Gluten:
himmlisches Wissen stürmt mir dahin,[401]
Jauchzen der Liebe jagt es davon![402]

Ob jetzt ich dein?
Siegfried! Siegfried!
Siehst du mich nicht?

Wie mein Blick dich verzehrt, erblindest du nicht?
Wie mein Arm dich presst, entbrennst du mir nicht?
Wie in Strömen mein Blut entgegen dir stürmt,
das wilde Feuer, fühlst du es nicht?
Fürchtest du, Siegfried, fürchtest du nicht
das wild wütende Weib?

Sie umfasst ihn heftig. Siegfried fürchtet sich nicht. Wie er Brünnhilde *in freudigem Schreck* humorvoll mitteilt, gibt ihre Umarmung ihm seinen bei ihrer Erweckung verloren geglaubten Mut zurück.

(Siegfried.)
Ha! –
Wie des Blutes Ströme sich zünden;
wie der Blicke Strahlen sich zehren;
wie die Arme brünstig sich pressen,
kehrt mir zurück mein kühner Mut;

und das Fürchten – ach! – das ich nie gelernt,
das Fürchten, das du mich kaum gelehrt:

---

[400] Siehe Tz 1665–1667 und *Walküre* Tz 825–827, 885.

[401] Brünnhilde verliert ihr göttliches Allwissen.

[402] Menschliche Liebe verträgt sich nicht mit Göttlichkeit.

das Fürchten, mich dünkt,
ich Dummer vergaß es nun ganz.

In höchstem Liebesjubel lachen beide auf. Nicht ganz in diesen Jubel passt Brünnhildes unfrommer Wunsch, Walhall und die Götter möchten untergehen, die Nornen möchten das Weltenseil zerreißen und durch *Götterdämmerung*[403] möge *Nacht der Vernichtung* hereinbrechen.[404] So wird es kommen. In diesen Wünschen verklammert Brünnhilde drei Zeitebenen: ihren abklingenden Schmerz über ihre Verbannung aus Walhall (Vergangenheit), ihre Freude über ihre Menschwerdung und die liebevolle und erotisch vielversprechende Begegnung mit Siegfried (Gegenwart) sowie eine ahnungsvolle Vorausschau auf den Ausgang der *Götterdämmerung* (Zukunft).[405] Die Schlussworte beider Liebenden *„leuchtende Liebe, lachender Tod"* spiegeln überdies das zentrale Thema von *Tristan und Isolde*.

(Brünnhilde.)
Oh kindischer Held!
Oh herrlicher Knabe!
Du hehrster Taten töriger Hort!

Lachend muss ich dich lieben,
lachend will ich erblinden,
lachend lass uns verderben,
lachend zu Grunde gehn!

Fahr' hin, Walhalls leuchtende Welt!
Zerfall' in Staub deine stolze Burg!
Leb' wohl, prangende Götterpracht!
End' in Wonne, du ewig Geschlecht![406]

[403] Einzig an dieser Stelle fällt im Text der Ringdichtung der Begriff *Götterdämmerung*.

[404] Hier wie auch an anderen Stellen der Ringdichtung bewährt sich, dass Wagner den Text – anders als die Musik – (ungeplant) von hinten nach vorne entwickelt und geschrieben hat. So war ihm beim Texten der früheren Textteile immer präsent, was folgen wird.

[405] Brünnhilde greift damit – wesentlich wortreicher als ihr Vorbild – Sieglindes ebenfalls drei Zeitebenen umgreifende Prognose im dritten Aufzug der *Walküre* auf, siehe dort Tz 1158–1160.

[406] Siehe Tz 1386–1402.

Zerreißt, ihr Nornen, das Runen-Seil!
Götterdämm'rung, dunkle herauf!
Nacht der Vernichtung, neb'le herein!
Mir strahlt zur Stunde Siegfrieds Stern:
er ist mir ewig, ist mir immer,
Erb' und Eigen, Ein' und All':

leuchtende Liebe, lachender Tod!
Leuchtende Liebe, lachender Tod:
leuchtende Liebe, lachender Tod!

(Siegfried.)
Lachend erwachst du Wonnige mir!
Brünnhilde lebt, Brünnhilde lacht!

Heil dem Tage, der uns umleuchtet!
Heil der Sonne, die uns bescheint!
Heil dem Licht, das der Nacht enttaucht!
Heil der Welt, der Brünnhilde lebt!

Sie wacht, sie lebt, sie lacht mir entgegen:
prangend strahlt mir Brünnhildes Stern!
Sie ist mir ewig, ist mir immer,
Erb' und Eigen, Ein' und All'!

Leuchtende Liebe, lachender Tod!
Leuchtende Liebe, lachender Tod:
leuchtende Liebe, lachender Tod!

Brünnhilde stürzt sich in Siegfrieds Arme. Der Vorhang fällt.

Literaturverzeichnis

Udo Bermbach (Hrsg.), „Alles ist nach seiner Art", Figuren in Richard Wagners „Der Ring des Nibelungen", Stuttgart/Weimar 2001

Pierre Boulez/Patrice Chéreau, Der „Ring": Bayreuth 1976–1980, München 1988

Deryck Cooke, I Saw the World End, A study of Wagner's Ring, London 1979

Die Edda des Snorri Sturluson, Arnulf Krause (Hrsg.), Ditzingen 2017

Die Götterlieder der Älteren Edda, Arnulf Krause (Hrsg.), Ditzingen 2018

Martin Gregor-Dellin, Richard Wagner, München 1980

Die Heldenlieder der Älteren Edda, Arnulf Krause (Hrsg.), Ditzingen 2020

Laurenz Lütteken (Hrsg.), Wagner Handbuch, Kassel 2021

Bryan Magee, Wagner and Philosophy, London 2000

Carl-Heinz Mann, Gerechtigkeit für Wotan – Richard Wagners „Der Ring des Nibelungen" und seine Helden, Frankfurt a.M. 2003

Hans Mayer, Richard Wagner, Frankfurt am Main 1998

Ernst Meinck, Die sagenwissenschaftlichen Grundlagen der Nibelungendichtung Richard Wagners, Berlin 1892

Torsten Meiwald, Randbemerkungen zu Richard Wagners Ring des Nibelungen, Westerstede 2015

Volker Mertens, Wagner – Der Ring des Nibelungen, Kassel 2013

Ulrich Müller/Peter Wapnewski (Hrsg.), Richard-Wagner-Handbuch, Stuttgart 1986

Herfried Münkler, Marx, Wagner, Nietzsche – Welt im Umbruch, Berlin 2021

Ernest Newman, The Life of Richard Wagner, Volume 2: 1848–1860, Cambridge 1933

Das Nibelungenlied, Ursula Schulze/Siegfried Grosse (Hrsg./Übers.), Ditzingen 2010

Friedrich Nietzsche, Schriften für und gegen Wagner, Leipzig 1924

Heinrich Porges, Die Bühnenproben zu den Bayreuther Festspielen des Jahres 1876, Leipzig 1896

Wolfgang Schadewaldt, Richard Wagner und die Griechen, Drei Bayreuther Vorträge in: ders. Hellas und Hesperien, Band 2, S. 341–405, Stuttgart 1970

Roger Scruton, The Ring of Truth – The Wisdom of Wagner's Ring of the Nibelung, London 2016

Hans Rudolf Vaget (Hrsg.), Im Schatten Wagners – Thomas Mann über Richard Wagner, Texte und Zeugnisse 1895–1955, Frankfurt a.M. 1999

Die Völsungensaga, Paul Herrmann (Übers.), 1923.

Cosima Wagner, Die Tagebücher in zwei Bänden, hrsg. von Michael Holzinger, Berlin 2015

Richard Wagners Gesammelte Briefe uns Schriften, hrsg. von Julius Kapp und Emerich Kastner, Leipzig 1914

Richard Wagner, Gesammelte Schriften und Dichtungen („GSD"), 10 Bände, Leipzig 1888

Richard Wagner, Mein Leben, hrsg. von Martin Gregor-Dellin, München 1983

Richard Wagner, Siegfried, WWV 86 C, Partitur, hrsg. von Klaus Döge und Egon Voss, London 2013

Richard Wagner, Skizzen und Entwürfe zur Ring-Dichtung, hrsg. von Otto Strobel, München 1930

Peter Wapnewski, Der Ring des Nibelungen, München 1995